今日から使える！

小学校国語

授業づくりの技事典

■二瓶 弘行 [編著]
■国語"夢"塾 [著]

明治図書

国語の授業づくりに役立つ「技」を身につけ，確かな「言葉の力」をはぐくもう

　国語の授業で育てるのは，言うまでもなく「言葉の力」です。読む力，書く力，話し聞く力，言葉にかかわる知識・技能。そのすべては，あらゆる学びの根幹となる学力。まさに，生きる力そのものです。

　毎日必ず時間割に組み込まれている国語の授業。その１時間１時間の学習を通して，子どもたちに確かな「言葉の力」をはぐくんでいるはずです。

　例えば，金子みすゞの「いぬ」という詩があります。
　「この詩を学習材にして，国語の授業を構想せよ」。もし，こんな課題を与えられたら，私たち教師は様々に思案するでしょう。
　「どんな学習材で」
　「どんな『言葉の力』をつけるため」
　「どんな導入で」
　「どんな発問・指示で」
　「どんな学習活動で」
　この課題は，文学作品であろうと，説明文であろうと，ある文章を学習材にして十数時間の単元を構想する際にも，同じ重さをもつ課題となります。
　いかなる「言葉の力」をこの単元を通して獲得させるのか。そのために，いかなる言語活動を組織するのか。さらには，子どもたちが学習を主体的に受け止められるように，いかにして導入と終末を仕組むか。

　さて，金子みすゞの「いぬ」。
　従来の詩を学習材にした読解指導では，場面の様子（情景）や人物の気持ちを言語表現から想像することが中心。したがって，この詩の最終行「ふっとさみしくなりました」における話者の心情が中心課題になるでしょう。
　授業の導入で音読と視写。そして，一連，二連と詳細な読解を展開して，

終末段階で第三連の話者の心情を話し合いによって理解する。そして，まとめとして，各自の音読。そんな１時間の授業がすぐに頭に浮かびます。
　けれども，このような授業構成では，子どもたちは，この詩を読解できても，次の詩を自ら読み進める読みの力は獲得できません。教師があらかじめ用意した，ある妥当な解釈を求める「正解主義」に陥り，子どもたちが自分の読みをつくり，表出し，仲間と交流する楽しみを奪いかねないのです。
　詩を学習材とした授業で，内容解釈とともに教えるべきは，表現技法です。一編の詩の世界は，どのように言葉が吟味され，表現技法を駆使して創造されたのか。それを学ぶことは，他の詩と出会ったときに自らの読みの創造に生かされ，また，自ら詩をつくる際の表現に生かされます。
　詩の内容解釈と表現技法の学習を１時間の授業の中心に置いたら，今度はどのような言語活動を構成するのかが課題になります。
　私は，自らの読みの創造と表現を関連づける展開を考え，そのための導入段階を検討します。どうすれば，子どもたちにこの詩の学習を自分のものとして受け止めさせることができるかを工夫しながら，授業を構想するでしょう。

　本書は，そういった国語の授業づくりに役立つ「技」を，熱意あふれる実践者たちが持ち寄ってつくったものです。自らの実践を基に，十分に吟味された優れた提案ばかりです。
　そのジャンルは，「教材・教具」「発問・指示」「指名・発表」「板書」「ワークシート」「ノート指導」「ペア学習」「グループ学習」「学習環境」「宿題・テスト」「すきま時間」と多岐にわたっています。きっと，日々の授業をつくるための大きな力となるはずです。
　明日も，教室では子どもたちが待っています。彼らに，確かな「言葉の力」をはぐくんであげることを，教師ならだれもが願っています。
　そんな先生たちに役立てていただければ幸いです。

2017年２月

二瓶弘行

Contents
もくじ

はじめに
国語の授業づくりに役立つ「技」を身につけ,
確かな「言葉の力」をはぐくもう

第1章 国語の授業をつくる「技」を学び，使いこなそう

筑波大学附属小学校　二瓶弘行

- ❶　「『言葉の力』をはぐくむ」とは？　　　　　　…… 12
- ❷　生きて働く「言葉の力」　　　　　　　　　　　…… 13
- ❸　国語の授業をつくる「技」を学び，使いこなす　…… 14

第2章 今日から使える国語授業づくりの技66

教材・教具

積み上げ,交流に生きるＡ４用紙活用の技	…… 16
グループ学習が充実するミニ黒板活用の技	…… 18
話し合いを活性化するシート状ホワイトボード活用の技	…… 20
子どもにわかりやすく示すICT機器の活用の技	…… 22
漢字の間違いを減らす練習シート活用の技	…… 24
より多くの教材や資料を集める技	…… 26

発問・指示

子どもを物語に夢中にさせる技	…… 28
物語の出来事を正しくとらえさせる技	…… 30
イメージを深め,作品の心に迫らせる技	…… 32
子どもの気づきを引き出す「とぼけ」の技	…… 34
学習課題を子ども主体に近づける技	…… 36
子どもの「だって,…!」をどんどん引き出す技	…… 38

指名・発表

どの子にも自信をもたせ,発表しやすくする技	…… 40
授業を戦略的に進める,反応予測+机間指導+意図的指名の技	…… 42

よく聞き，よく発言する子どもを増やす技	…… 44
発表の不安を解消する技	…… 46
自分の立場を明らかにさせる技	…… 48

板書

１本の軸を生かして話し合いを構造的にまとめる技	…… 50
縦書き板書をまっすぐ整えて書く技	…… 52
学習の見通しをしっかりもたせる技	…… 54
振り返りや深い理解を促す示し方の技	…… 56
授業のコンセプトに応じた使い分けの技	…… 58
話し合いの拡散や混乱を防ぐ技	…… 60
授業がめあてから逸れることを防ぐ技	…… 62

ワークシート

子どもに思考力をつける構造化の技	…… 64
自分の好きな本のよさを効果的に伝えさせる技	…… 66
ルーブリックを活用して振り返りの質を高める技	…… 68
書く意欲を高める「ご本人登場」の技	…… 70
苦手な子にもあきらめずに取り組ませる技	…… 72

ノート指導

どの子にも確実にノートをとらせる技	…… 74
大切なことをスッキリ書き残させる技	…… 76

子どもに自分の成長を実感させる技	…… 78
授業を振り返って思考を整理させる技	…… 80
ノートを思考のツール化する技	…… 82
自分の考えをすっきり整理し，深めさせる技	…… 84

ペア学習

意見交換をガッチリ嚙み合わせる技	…… 86
ペアをどんどん変えながら学習を深めさせる技	…… 88
相手の反応を促しながら意見を述べさせる技	…… 90
話を端的にまとめる力を身につけさせる技	…… 92
子どもが自然に話したり，聞いたりしたくなる技	…… 94
話し合いを可視化し，相手を尊重する態度をはぐくむ技	…… 96
頭を使いながら楽しく音読をさせる技	…… 98

グループ学習

フェーズとターンで，話し合いにテンポと深まりを生み出す技	…… 100
より主体的に話し合わせる技	…… 102
発表，話し合いを盛り上げる技	…… 104
話し合いも個人の思考も深めさせる技	…… 106
自然と話し合いたくなるホワイトボード活用の技	…… 108

学習環境

| 身の回りの漢字に目を向けさせる技 | …… 110 |

認めたり認められたりが習慣化する技	……112
子どもを本に向かわせる技	……114
日常的に言葉に触れさせる技	……116
学びの履歴を残し活用できるようにする技	……118
校内放送を通して聞き手意識を育てる技	……120
思わず詩を読み書きしたくする技	……122

脳に効く新出漢字習得の技	……124
短作文を書く力を底上げする技	……126
宿題が楽しみになるクイズづくりの技	……128
よい取り組みを学級全体に広げる技	……130
成績を素早く処理する技	……132
単元末テストを即時に返却するシステムづくりの技	……134

言葉を楽しく，たくさん身につけさせる技	……136
言葉の関係の知識を楽しく増やす技	……138
漢字の知識を楽しく増やす技	……140
詩の世界をイメージする力を伸ばす技	……142
言葉遊びを通して書く力を伸ばす技	……144
文法力を鍛える「主述モンスター」の技	……146

第1章 国語の授業をつくる「技」を学び,使いこなそう

筑波大学附属小学校　二瓶弘行

❶「『言葉の力』をはぐくむ」とは？

　子どもたちに「好きな教科は何？」と尋ねても，「国語」と答える子は多くありません（どちらかと言えば，嫌いな方にたくさん手があがります）。国語の授業はおもしろくない。それが昔からの決まり文句…。

　ある高名な国語教育研究者は言います。
　「子どもたちは，大人になったとき，１人の社会人として自立して生きていく。言葉の力はそのための重要な生きる力だ。小学校国語教室はその基本的となる部分を教え，訓練しなければならない」
　今，学校現場では，「学力診断テスト」が盛んに実施されています。子どもたちの言語実態を的確に把握することは極めて重要なことです。だから，学力診断テストには意義があるし，必要不可欠だと思います。
　しかし，「テストのためのテスト」が重大視されるとき，きっと国語の授業はやせ細っていきます。
　良心的な教師は考えます。
　「テストの点数が高いことは，子どもの『言葉の力』がついてきている証拠だ。ならば，点数がとれる授業をすればいい。読解問題のプリントをたくさん用意しよう。漢字プリントを毎日させよう」
　ところが，その教師は，ある日ふと不安になります。
　「子どもたちは必死でプリントに向かい，黙々と鉛筆を走らせている。いい点数をとると確かに喜ぶ。でも，これが本当に国語の授業か。テストの点数をとらせることが，本当に「言葉の力」をはぐくむことなのだろうか」
　「けれど…」と，またその教師は考えます。
　「小学校の今はこれでいいのだ。将来，きっと役に立つのだ。だから，今はいかにテストの点数をとらせるかが重要なのだ。それが国語の学力を向上させるということなのだ」

❷生きて働く「言葉の力」

前項で触れたことについて、もう少し具体的に考えてみましょう。
例えば、漢字の学習。

> ❶見・森・虫・六・犬・上・中・耳
> ❷林・月・小・竹・力・空・女・先
> ❸九・車・草・木・気・七・早・字

これは、１年生の配当漢字をランダムに８字ずつ並べたものです。これらの漢字を正しく読め、書けることが漢字の学習の中心となるでしょう。だから、「それぞれの漢字を10個ずつノートに繰り返し練習しなさい」と当然のように指示します。

けれども、子どもたちにどうしても獲得させなければならない「漢字の力」があります。それは、**自分の表現に漢字を適切に使う力**です。いくらテストで読み書きが100点でも、実際にその漢字を使えなければ、生きて働く「言葉の力」になっているとは言えません。

そこで、私の国語教室では、次のように指示してみました。
「８字のうち３字を選び、なるべく短い、意味の伝わる一文をつくろう」
市販の漢字ドリルなどでも、文の中で漢字の読み書きを練習するパターンは多くあります。しかし、その反復練習をすることで、その文例での使い方は覚えますが、他に応用できません。

一方、この方法だと、３つの漢字の組み合わせでイメージを抱き、その一文表現のために漢字を使うという学習が成立します。まったく任意の３字ではなく、指定の８字からの３字選択は、適当な負荷を与え、かえっておもしろがって取り組むという効果を生みます。

この「3字で一文づくり」は，低学年でも容易でしょう。さらに子どもたちの実態に応じて，4字，5字と課題を難しくしていきます。
　この学習は，特別なプリントを用意しなくても，教科書巻末の学習漢字のページを使うことで取り組めます。例えば，東京書籍の教科書では，学習した漢字がすべて表形式で掲載されているので，「〇ページの1段目の漢字3字を使って一文をつくりなさい」という指示ができます。
　さて，子どもが最も熱中する課題。
　「8字の漢字を全部使い，なるべく短い，意味の伝わる一文をつくりなさい」
　指定された漢字をすべて使わなければならないのです。実際に試してみるとわかりますが，どうしても邪魔な1字が出てきます。その1字のために，最初から文を考え直さなくてはいけません。
　以下は，実際に4年生がつくった一文です。

> ❶森の中で犬の耳の上を六ぴきの虫がとんでいるのを見た。
> ❷女が先に竹林に行ったら，空に小さな月が力づよくでていた。
> ❸早くおきて，「九・車・草・木・気・七」という字をかいた。

❸国語の授業をつくる「技」を学び，使いこなす

　このようにして，「言葉の力」は，単にテストで正解できる机上の知識・技能ではなく，自分にとって，どうしても必要な力であることを教えなければなりません。そして，言葉を学ぶことは，とてもおもしろく，楽しいことであることを教えなければなりません。
　そのためには，私たち教師自身がたくさんの，国語の授業をつくる「技」を学び，子どもたちの実態に合わせて，適切に使いこなしていく必要があります。
　それは，私たち教師の，**プロとしてのきわめて大切な仕事**なのです。

第2章 今日から使える
国語授業づくりの技66

教材・教具

積み上げ，交流に生きる
Ａ４用紙活用の技

POINT
- はじめに書き方をきちんと指導するべし！
- 交流の場を設定するべし！

1 いろいろな用途で使える

　Ａ４サイズ（低学年ならＡ３）の用紙を切り折りして活用すると，日々の積み上げや交流に生かせる教具になります。折りたたむと冊子に，開くと１枚の掲示物になり，切り離すとノートに貼ることもできるので，重宝します。

2 活用法の具体例

❶「み～つけた」帳

　子どもの「み～つけた」を絵や文で簡単に書き留めるために活用します。１人１冊の「み～つけた」帳をつくり，ペアで１日おきに交換します。右ページ上のＡ３用紙を切り折りしてつくります。絵と文セットで３回分書き留められるので，「自分→仲間→自分」の順で書くことができます。

❷短冊ブック

　「できること」や「できるようになったこと」を子どもの言葉で残す学習活動に使います。右ページ下の写真のようにＡ４サイズの用紙を切り折りして，「短冊ブック」の形にまとめます。それぞれの短冊は「○月○日…ができるようになりました」のような文で表現し，絵なども添えさせます。

※❶，❷とも１年生におすすめの活動です。　　　　　　　　　　（藤井　大助）

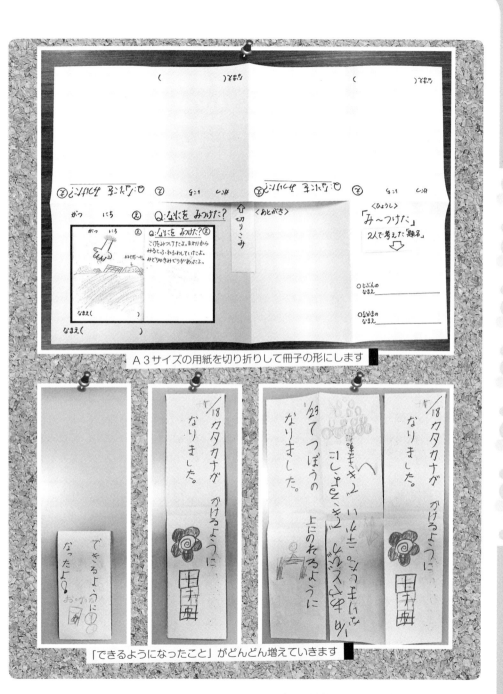

第2章 今日から使える国語授業づくりの技66

教材・教具

グループ学習が充実する ミニ黒板活用の技

POINT

- ●ミニ黒板をグループ学習の成果物とするべし！
- ●グループの代表に記述内容の報告をさせるべし！

1 ミニ黒板をグループ学習の成果物に

　グループ学習を行う際に，ミニ黒板を活用することをおすすめします。それぞれがノートに書く形では，ただ友だちの考えを書き写すだけで話し合いが成立せず，個人学習の延長にしかならないことが少なくありません。個人の考えをもとに話し合い，ミニ黒板に話し合ったことをまとめる，という共通目的をもたせることが効果を発揮するのです。

　ミニ黒板に記述することを，いわば，グループ学習の成果物にするというわけです。

2 グループの代表に記述内容を報告させる

　グループの代表を決めて，ミニ黒板に記述したことを報告させます。グループとして，どのような話し合いがもたれたのか，学級全体で共有することができます。

　教師は，他のグループとの共通点をあげたり，差異点を指摘したりして，報告内容を意味づけていくとよいでしょう。記述内容だけではなく，補足説明をさせると，そのグループがどのような話し合いをしていたのかがみえてくるはずです。

（藤原　隆博）

ミニ黒板に話し合ったことをまとめます(ぞうきんは黒板消しの役割)

グループごとにミニ黒板をオープンしながら発表します

話し合いを活性化する
シート状ホワイトボード活用の技

> **POINT**
> - グループ全員が考えたことを一斉に書けるようにするべし！
> - ポイントを押さえて話し合いを深めさせるべし！

1 シート状ホワイトボードに一斉に書く

　シート状ホワイトボードとは，ビニル製のシートのことです。
　100円ショップで販売しており，50cm×70cmと大きいので，普段は丸めてケースに入れ，机の中にしまっておきます。
　このシートを机の上に広げると，4，5人のグループなら一斉に書くことができます。それぞれが違う色を使って考えを書いたりすると，効果的な話し合いができます。ティッシュを使って消せるので，何度も使用可能です。
　静電気で黒板に貼ることもできるので，書いたものを学級全員で確認することが可能です。

2 「交流の技カード」で話し合いを深めさせる

　自分たちの考えを書き終えたシート状ホワイトボードを用いてみんなで交流する際には，「交流の技カード」で視点を与えてあげるとよいでしょう。
　カードには「○○と○○はちがうね」（考えの分類），「○○についてもう少しくわしく教えて」（話の詳細）など，実際の話し言葉で交流のポイントが書いてあります。ポイントを押さえた交流で，話し合いを深めさせていきましょう。

（比江嶋　哲）

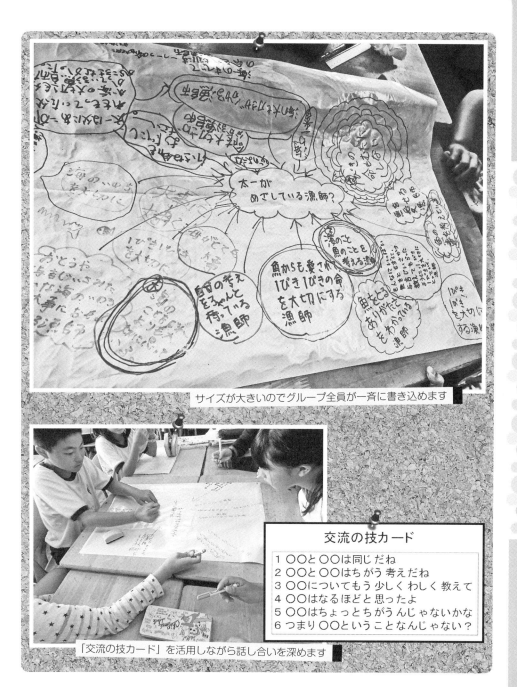

サイズが大きいのでグループ全員が一斉に書き込めます

交流の技カード

1 ○○と○○は同じだね
2 ○○と○○はちがう考えだね
3 ○○についてもう少しくわしく教えて
4 ○○はなるほどと思ったよ
5 ○○はちょっとちがうんじゃないかな
6 つまり○○ということなんじゃない？

「交流の技カード」を活用しながら話し合いを深めます

子どもにわかりやすく示す
ICT機器の活用の技

POINT
- ●子どもと同じものを見せるべし！
- ●拡大して見せるべし！

1 子どもと同じものを見せる

　作文の書き方や文法のルールなど，型が決まっていることの指導では，教師が子どもとまったく同じものを使って指導すると，子どもは迷わずに学習を進めていくことができます。黒板に書くのでは，微妙なニュアンスが伝わらなかったり，小さな違いに子どもが引っかかってしまったりすることがあります。

　そこで，ICT機器を活用します。書画カメラで子どもに配ったプリントや問題集を写しながら，改行したり句読点を打って見せたり，線を引いたり囲んだりします。拡大や縮小もできるので，全体を見せて振り返ったり，注目させたいところに焦点化したりすることもできます。

2 拡大して見せる

　書くことを主題にした単元では，子どもたちに作品をつくらせ，発表させることがよくあります。しかし，作品を手に発表をしても，聞いている子どもには見えにくいことが多いので，書画カメラで拡大して映し出します。

　また，書写や漢字学習の際などにも，スクリーンに大きく映し出すことで，ポイントがよりわかりやすくなります。　　　　　　　　　　（田島　章史）

子どもとまったく同じものを映し出して指導します

漢字を大きく映し出すことでポイントがわかりやすくなります

教材・教具

漢字の間違いを減らす練習シート活用の技

POINT
- 子どもが無理なく書けるマス目を用意するべし！
- マス目の大きさの違うシートを何種類か準備するべし！

1 子どもが無理なく書けるマス目を用意する

　漢字をよく間違える子どもには2つの傾向があります。1つは，漢字の構成がよくわからなくて間違えてしまう子です。そしてもう1つ，意外に多いのが，漢字の構成はわかっているけれど，バランスよくマスの中に書けないため，結果として間違えてしまう子です。

　後者のようなケースを減らすためには，高学年でも低学年で使うような大きなマス目のシートを用意し，練習させるのが有効です。バランスよくマスの中に書けない原因は，手指の動きがぎこちないことがほとんどです。ですから，無理に小さく書かせるのではなく，自分の書きやすい大きさで書くことで自信をつけさせ，間違いなく書けるようにしていきます。

2 マス目の大きさの違うシートを何種類か準備する

　50字，84字，150字など，マス目の大きさでいくつかの段階に分けて練習用のシートを用意しておくと，得手不得手に合わせて子どもに選ばせることができるので便利です。慣れてきたらだんだん小さいマスに移行していくようにすれば，漢字に苦手意識をもつことなく，手指の動きもなめらかになっていきます。

（田島　章史）

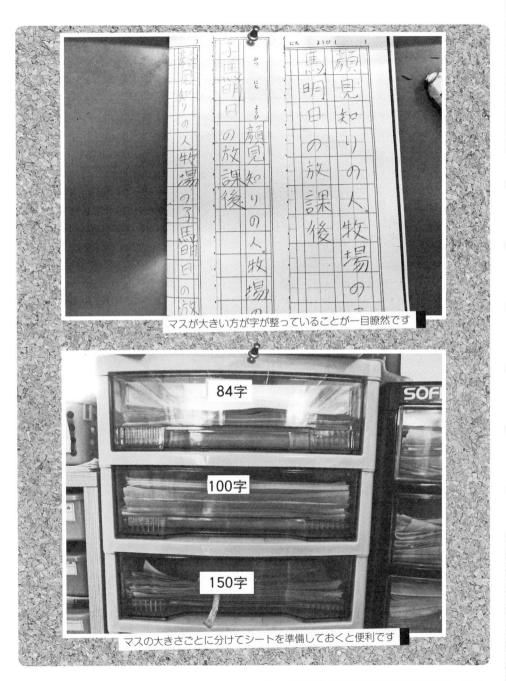

マスが大きい方が字が整っていることが一目瞭然です

マスの大きさごとに分けてシートを準備しておくと便利です

より多くの教材や資料を集める技

- 全社の教科書をそろえるべし！
- 多くの資料が必要なときは司書さんの手を借りるべし！

1　全社の教科書をそろえる

　現在，小学校国語の教科書は，５つの出版社から出されています。自分の学校で使用されている会社以外の４社の教科書からも豊富な教材を入手することができます。読み物教材は力作が勢ぞろいしており，読み聞かせなどに利用することができます。また，様々な文種のモデル文もたくさん掲載されています。学年に合わせてつくられているので，そのまますぐに使えます。

　教科書は，最寄りの教科書販売店※で購入できます。小学校国語の教科書は，４社の教科書を全学年そろえても17,000円程です。

2　多くの資料が必要なときは司書さんの手を借りる

　物語で同じ作者の作品を読み広げしようとしたり，説明文の学習をきっかけに調べ学習に発展させたりするとき，たくさんの図書資料が必要になります。しかし，学校の図書室だけでそろえるには限界があります。そんなときは，司書の方にどんな本が必要かをあらかじめ相談しておくと，地域の図書館から必要な図書資料を集めていただくことができます。　　　（藤田　伸一）

※全国教科書供給協会のサイトで検索できます。
　http://www.text-kyoukyuu.or.jp/otoiawase.html

全社の教科書をそろえることをおすすめします

司書さんの手を借りて集めた図書資料

子どもを物語に夢中にさせる技

- ●物語文に内在する「おかしさ」（読みどころ）に気づかせるべし！
- ●漠然とした感想の根拠を問うべし！

1　物語文に内在する「おかしさ」が、発問のポイントに

　物語文の本質は、読み手に想像させたり、考えさせたりすることによって、作品を味わわせようとするところにあります。ですから、物語文には、「どういうことだろう？」「どうしてかな？」と考えさせられるところが内在しています。とりわけ、作品後半の山場にある「おかしさ」について解釈するには、作品全体の文脈や叙述を根拠とする必要があります。そんな「おかしさ」は、作品を深く理解するために問うべき「読みどころ」とも言えます。したがって、教師が１人の読み手として「考えたい」と思える「おかしさ」（読みどころ）に気づくことが、発問づくりの第一歩になります。

　例をあげます。

- ・どうしてかえるくんは、お手紙のことを言っちゃったのだろう？
- ・どうしてごんは、明くる日も兵十に栗を届けたのだろう？
（しかも、家の中に入る危険を冒してまで）
- ・どうして太一は、クエを討たなかったのだろう？

　教材に内在している「おかしさ」なので、読み手である子どもも、「考え

たい！」という思いをもつことでしょう。

　ただし，子どもが答えられそうかイメージしておく必要があり，答えるための前提となる文脈や叙述を押さえておくことも重要です。

2　漠然とした感想の根拠を問う

　子どもを夢中にさせるには，子どもの思考の流れに寄り添うことが大切です。そこで，提案したいのが，「漠然とした感想」を基に，「その感想の根拠を問う」という発問です。映画を鑑賞した後の，
　「今日の映画おもしろかったな」
　「どんなところが？」
　「あの場面で，主人公がさぁ…」
という会話のようなイメージです。

　例えば，次のように展開することができます。

漠然とした感想	根拠を問う発問
・スイミーは，すごいな →	スイミーのすごさってどんなとこ？
・女の子がちょうなのかな →	どこからわかる？
・なんかよくわからない話だな→	どこがわからないの？
・悲しい（おもしろい）話だな→	どこが悲しい（おもしろい）の？

　このように問うと，書かれていることから答えを見つけていけばよいので，子どもは，何を答えればよいのか見通しをもって考えることができます。子どもは夢中になって作品を読み返し，「根拠探し」に没頭できるわけです。

　ここでも，子どもがどんな（漠然とした）感想を抱き，どんな根拠を探すのかについて，予測しておくことが大切です。そして，学習が「作品の本質を理解することに迫るものであるのか」「つけたい力を身につけさせることにつながるのか」といった点についても十分考えておく必要があります。

　　　　　　　　　　　　　　　　　　　　　　　　　　　（山本　真司）

物語の出来事を正しくとらえさせる技

- ●発問・指示はシンプルにするべし！
- ●わかった子どもにすぐに説明させないようにするべし！

　低学年の物語の授業で、出来事を正しくとらえさせるときに使う技です。教師が「〇〇は何をしましたか？」などと尋ねると、話が上手な子どもや読み取りが速い子どもばかり答えてしまうことになります。しかし、場面の出来事を正しくとらえる力は、低学年の段階で全員につけてほしい力です。

1　人物の行動がわかる文の述語カードを用意する

　そこで、カードの並べ替えという方法をとります。
　『名前を見てちょうだい』（東京書籍教科書２年下）を例に紹介します。２場面（風に飛ばされた帽子をえっちゃんが追いかけていくと、野原できつねが帽子をかぶっていたという場面）の登場人物の行動がわかる文の述語だけを書いたカードを用意します。

| 走りだす | 見せる | 走っていく | こたえる | ゆびさす | ぬぐ | ふいている |

2　シンプルに指示し、カードを並べ替えさせる

　カードを示したら、事細かに説明をしたりせず、シンプルに「上手に並べ

てごらん」と指示します。戸惑う姿が見られたら，「『走っていく』が最初」などとヒントを出します。

3　カードを分類させる

走りだす　見せる　ぬぐ　こたえる　ゆびさす　ふいている　走っていく↑

　話の順番通りに並べることができたら，黒板に貼った「走っていく」のカードを無言で上に動かし，「『ふいている』は，どうする？」と尋ねます。
　わからないようであれば，「ふいている」のカードを下げます。すると，「わかった！」と言う子どもが出てきます。このとき，その子にカードの分類の意味は説明させず，カードの上下だけを発言させます。そうして，全員が分類の意味を理解したら，上はえっちゃんがしたこと，下はきつねがしたこと，「走りだす」は2人がしたこと，と確認して整理します。

（上段）ゆびさす　走っていく　　えっちゃん
走りだす　　　　　　　　　　　（2人）
（下段）見せる　ぬぐ　こたえる　ふいている　きつね

　こうして登場人物の行動を黒板上で整理することで，場面の出来事を正しくとらえることができました。発展として，わざといくつかカードを抜いたり，行動ではなく様子のカードを加えたりすることで，活動の幅を広げることができます。

（田中　元康）

発問・指示

イメージを深め，作品の心に迫らせる技

POINT
- 一読すると矛盾していると感じる部分に切り込むべし！
- 共通点から"作品の心"に迫らせるべし！

物語文の読解において，子どもの思考をグンと深める方法として，本文の叙述の矛盾点，あるいは共通点に焦点化して発問するという方法を紹介します。

1 矛盾点について問う

物語文では，一読すると，登場人物の心情と行動に矛盾が生じていると感じられる場面があります。その場面に切り込んで，子どもの思考を深めていきます。『きつねの窓』（教育出版教科書6年下）を例にすると，「なぜ，母を見られるかもしれないのに，窓を見るのをやめたんだろう？」などと問うことで，ただ「せつない」というだけでなく，「現実には母や妹に会えないことで，一人ぼっちであることを余計に強く感じてしまう」など，イメージを深めていくことができます。

2 共通点について問う

共通点に焦点化して，読みを深めていくというのも1つの方法です。『きつねの窓』では，例えば，「窓から見えるものの共通点は何だろう？」と問います。「好きな人」「見えても会えない人」「温かい家族」等，共通点を考えていく中で，"作品の心"に迫っていきます。

（長屋　樹廣）

最初、ぼく（主人公）は、母ぎつねをしとめたいと思い、きつねを追っていました。でも、最後に「鉄砲をください。」ときつねに言われ、迷ったすえに鉄砲をわたします。きっと、鉄砲よりもステキな指を手に入れたからでしょう。そして、その時のきつねは、「もうぎせいを出したくない」という心情だったにちがいありません。

この作品は、「昔の事も思い出してほしい」や、「生き物を大切にして」ということを伝えていると思います。窓とは、昔の事をうつしていて、昔の事を思い出させている存在だと思うからです。きつねが最後、「鉄砲をください」と言うシーンがあり、そこから、「生き物を大切にして」というメッセージが伝わってきます。みなさんも、心情変化やメッセージを探してみてはどうでしょうか。

"作品の心"に迫った子どもの記述物❶

「ぼくの心情変化」

はじめのぼくは猟師なので子ぎつねを追いかけて、母ぎつねを殺そうとしていました。でも、人間にばけたきつねに指をとめてもらい、昔の風景を見ることができるようにと思いました。なのでぼくはこれ以上の幸せはないと思い、指を染めてくれたお礼にきつねにあげました。鉄砲がほしいと言ったきつねには、「もうきつねを殺さないで」というメッセージがこめられていたのかもしれません。

また、この作品には、思い出の大切さを伝えたいと言う作品のメッセージがこめられていたと思います。なぜ、思い出の大切さを伝えたかったという理由は、今まで独りぼっちだったぼくでも思い出の中は独りぼっちではないからです。命の大切さを伝えたかった理由は、きつねは「鉄砲をください」と言ったと思ったからです。う動物を殺さないでという思いでぼくに言ったと思ったからです。みなさんもこのお話を読んで作品のメッセージを探してみて下さい。

"作品の心"に迫った子どもの記述物❷

子どもの気づきを引き出す「とぼけ」の技

POINT
- 考えさせたいことを明確にさせたうえでとぼけるべし！
- とぼけのパターンを増やすべし！

　子どもと先生の距離感。そのバランスは学級の雰囲気に大きな影響を与えます。ここでは，子どもが考え，行動するきっかけとなる「気づき」を引き出すための技を紹介します。

1　考えさせたいことを明確にさせたうえでとぼける

　「このとき，○○（登場人物）はどう思ったのでしょうか？」
　定番の発問です。このとき，国語が得意な子どもは「…と思っていたはずだよ。だって，p○の□行目に…と書いてあるから」と思考します。一方で，なかなか自分なりの解釈をもつことができない子どもは「ん～，先生は何を言っているのかなぁ。わからないなぁ…」と悩んでしまいます。
　そこで，以下のように投げかけ方を変えてみます。

> 　このとき，○○は（登場人物）…と思ったに違いない！

　「…」部分は，教師の明らかに間違った解釈です。それを聞いた子どもたちは，「先生違うよ！」と一斉に教師に反論してくるはずです。普段は自分なりの解釈をもつことができず大人しい子まで，楽しそうにつぶやき始めるでしょう。

しかし，この「とぼけた」発問が，単なる「ボケ」であっては，解釈は深まっていきません。子どもに気づかせたいこと，考えさせたいことを明確にさせたうえでとぼける必要があります。例えば，物語であれば，場面ごとの登場人物の心情の変化，説明文では段落と段落のつながり（問いと答え，具体例とまとめ）などです。そのような視点からとぼけるポイントを見いだし発問を考えてみてください。

2 とぼけのパターンを増やす

　とぼけた発問も，繰り返し使っていると，その学級の子どもにとって定番化していき，飽きられてしまいます。
　それを防ぐため，以下のように，とぼけのパターンをいろいろもっておくことをおすすめします。

- ・大げさな解釈
- ・正反対の解釈
- ・文章や言葉の入れ替え，言い換えの提案　など

　このほかにも，気づかせたいことによって，色々なパターンを生みだすことが可能です。
　学年の発達段階や学級の実態なども踏まえ，定番発問とのバランスを考えながら発問の仕方を考えていくことで，より活発で深まりのある授業が展開できます。教師が解釈を逐一解説していくような授業ではなく，子どもが言葉を手がかりに活発に話し合う授業を行うために，自分なりの発問の仕方を見つけてみてください。
　また，教師がとぼけることには，教室の雰囲気が和らぎ，話し合いやすい雰囲気をつくることができるという効果もあります。

（今野　智功）

学習課題を子ども主体に近づける技

POINT
- 課題の基を教師の疑問として切り出すべし！
- いずれは子ども自身が課題を発見することを念頭におくべし！

　次代をつくっていく子どもたちに求められる資質・能力を育成するには，主体的・対話的で深い学び（アクティブ・ラーニング）が重要であると言われています。その「主体的な学び」にクローズアップした技を紹介します。

1 課題の基を教師の疑問として切り出す

　例えば，総合的な学習の時間では，子どもが自ら課題を発見し，解決していく学習展開の中で，主体的な学びが保障されます。しかし，国語の読解においては，時数の関係などもあり，そのような子ども主体の課題づくりは難しく，どうしても教師主体の課題を子どもに考えさせる展開になりがちです。

　そこで，課題設定のイニシアティブを少しでも子ども寄りにするため，読みを深められると考える話題を，教師の疑問として切り出し，子どもと共有して学習課題へと昇華させます。

　具体的なやりとりを紹介します。

T1　　　　　『白いぼうし』でどうしても不思議なことがあって，ずっと考えていることがあるんだよね…。
C（複数1）　どんなことですか？
T2　　　　　みんなは，「白いぼうし」と「夏みかん」のどちらが物語の

	中で大切だと思う？
	(「夏みかん」が大多数)
T3	先生も「夏みかん」がとても大切な存在だと思うんです。
T4	でも，どうして題名が『夏みかん』じゃないんだろう？
C1	確かに。「白いぼうし」はただかぶせただけです。
C2	最後も「夏みかんのにおいがのこっています」で終わってる。
C3	「夏みかん」は最初の場面から出てきています。
C（複数2）	先生，その疑問，みんなで考えてみたいです！
	(「考えてみたい」という反応が他の子どもからも起こる)
T5	そうだね。どうして題名が『白いぼうし』なのかは理由がありそうだね。じゃあ今日は，そのことについて考えてみよう。

> 課題　題名が『夏みかん』ではなく『白いぼうし』なのはなぜだろう。

2 いずれは子ども自身が課題を発見できるように

　題名の意図を吟味することは，作品の主題にかかわる大切な学習です。しかし，題名を違うものに仮定することはかなり大胆な発想で，子どもから発生することはなかなかありません。そこで，読みを深められると考える話題を，教師の疑問として切り出し，子どもと共有して学習課題へと昇華させるのです。

　上記の例を細かく分けると，以下のような流れになります。

❶疑問の切り出し………T1～T3
❷共有化へのうながし…T4
❸子ども間の共有化……C1～C3
❹学習課題への昇華……C（複数2）

　子どもの課題発見能力を育成するためにも，このような学習の積み重ねは有効です。

（大江　雅之）

子どもの「だって，…！」を
どんどん引き出す技

POINT
- 全員答えられる問いをぶつけるべし！
- 「本当にそうなの？」としつこく問うべし！

　国語の授業では，子どもが自分の考えをもてない，あるいは，なんとなく頭の中に考えはあるけれどそれが言葉にできない，といったことがよくあります。そこで，子どもが自分の考えをもち，「だって，…！」と語り出すきっかけをつくる技を紹介します。

1　全員答えられる問いをぶつける

　子どもたちの考えは多様であり，だからこそ話し合いはおもしろくなっていきます。そこで，「どんな気持ちだったのかな？」などと子どもに自由に考えさせる発問がよく行われますが，頭の中がモヤモヤしていて考えが整理できていない子，そもそもまだ読みがその段階に達していない子にとっては，何を答えればよいのかわかりません。
　そこで，次のように問い方を変えてみます。

> …（人物）の気持ちは，AですかＡ　それともBですか？
> 自分で考えたCもいいですよ。

　A or Bという問いにすることで，言葉ではまだ表現することができない子も，とりあえず自分の考えを表明する第一歩を踏み出すことができます。

もちろん，ＡでもＢでもないという子もいるでしょう。そうした子にも自分の考えを述べる機会を保障するため，「ＡでもＢでもないＣ」という考えもありにします。
　同じＡでも，教科書のどの文章を根拠にするかなど，子どもたちの考えには微妙な違いがあります。その違いを話し合う中で「だって，…！」という言葉が生まれてきます。

2 「本当にそうなの？」としつこく問う

　「これはどういう意味かな？」「これは…ということですね？」といったように，一問一答形式の発問で簡単に確認してしまうと，子どもたちは言葉にこだわって読まなくなっていきます。
　そこで，教師側が着目させたい文章，内容について，以下のように発問します。

> 　…と書いてありますが，本当にそうなの？
> 　先生だったら（普通なら）…だと思うんだけど。

　このように問うと，子どもたちは「先生，何言ってるの！　…でしょ！」といったように，自分たちの考えを強く主張します。
　しかし，ここで簡単に「そうだね」と認めてはいけません。まだ，この時点の子どもたちは，頭の中に考えはあっても，それが深まっていない場合が多いからです。
　そこで，「本当にそうなの？」「どの文章からわかるの？」「でも，やっぱり…だと思うんだけどなあ」と，しつこく切り返していきます。
　こうすることで，子どもたちは文章に何度も立ち返り，新しい根拠を探したり，理由を考えたりして読みを深めていき，「だって，…だから！」と子どもたちの言葉で語られる話し合いに発展していきます。

（渡部　雅憲）

指名・発表

どの子にも自信をもたせ，発表しやすくする技

POINT
- ●同じことでもよいので発表自体に慣れさせるべし！
- ●意見をつなげる発表の仕組みをつくるべし！

　新学期の国語授業。簡単な質問で発表を促しても，はずかしさや自信のなさで，全員の手はなかなかあがりません。
　そこで，子どもに自信をもたせ，発表しやすくする技を紹介します。

1　同じことでもよいのでとにかく発表

　まずは，手をあげて発表することも，「国語で身につけなくてはならない大切な力」であることを話します。
　発表に対する前向きな気持ちが少し芽生えたところで，以下のような，発表に慣れるための活動を意識的に入れていきます。目指すところは，学級全員が1時間に1回発表することです。

- ❶考えをノートに書く（まずは発表するための意見をもつ）。
- ❷前の人と同じことでもよいのでとにかく発表する。

　❷については，指名した1人が発表した後に，似ている意見や同じ意見を発表させます（同じような意見が出尽くしたら，他の意見を発表してもよいことにします）。友だちと同じ意見でもよいので，発表が苦手な子でもグンと話しやすくなります。また，友だちの発表をよく聞く姿勢も育ちます。

学級全員が発表できたら，大いにほめ，みんなで喜びを分かち合います。大切なのは，どの子も発表に自信をもつことと，みんなで授業をつくっていく一体感を生むことです。

2　意見をつなげる発表の仕組みをつくる

　発表することへの抵抗感がなくなってきたら，普段の授業でも子どもが発表する仕組みをつくり上げていきます。

　ポイントは，「意見をつなげて話す」ことです。全員発表で経験した「同じ意見でもよい」ことを保障すれば，子どもは発表しやすくなります。また，多くの考えをつなげていくことで，子どもの思考の深まりや授業の活性化も図られます。

　まずは，子どもに全員発表のよさを振り返らせ，以下のような発表の約束について話します。

> ❶友だちの発表を１回で終わらせず，意見をつなげる。
> ❷似ている意見や同じ意見でもよい。

　この約束に慣れさせるために，最初は，発表したとなりの席の子どもに意見をつなげさせます。もしも，となりの子と反対の意見を言ったときは，教師が間に入り，２つの意見について話し合わせます。

　なかなか意見を言えない子どもには，「となりの子の意見がわかったかどうか」を述べさせるだけでも構いません。そうすれば，わからない場合，他の子に説明させることもできます。

　つなげる発表に慣れてきたところで，改めて「意見を発表しない授業は０」，つまり全員発表を目指します。どの子にも発表させるために大切なのは，発表の大切さや発表の仕方を教え，発表の仕組みをつくり，そして，子どもに自信をもたせることです。

（伊東　恭一）

授業を戦略的に進める，反応予測＋机間指導＋意図的指名の技

- ●子どもの反応を事前に予測しておくべし！
- ●予測に基づき似た意見・異なる意見を把握し，意図的に指名するべし！

　教師の指名は，子どもの考えを把握したうえで，どの順序でだれからだれへ発言をつなげていくのか，意図を明確にして戦略的に行うものです。それによって，板書の整理がスムーズになり，子どもの学習の深まりや新たな気づきを促すことができます。

1　子どもの反応を予測する

　勝負は授業の前の教材研究から始まります。「ごんぎつね」のごんが兵十に撃たれた場面で子どもがどのような読みをするか，次のように予測します。

読みの課題「ごんが兵十に撃たれたことをどう思うか」
❶つぐないを続けてきたのに，撃たれてしまってかわいそう。
❷撃たれてかわいそうだけれど，気持ちが伝わったところはよかった。
❸兵十はきっと後悔しながらごんを手当したのではないだろうか。
❹その他

---

　❹その他を必ず予測の１つに入れておくことがポイントです。子どもは，教師の意図を越えた読みをするものです。予測外を予測しておくだけでも，慌てずに済みます。

2 机間指導で反応を分類する

続いて,実際の授業において,机間指導を通して子どもの考えを分類していきます。ここでは,先の反応予測に従って「❶安藤・後藤・菊池… ❷井上・安田…」のように,番号の横に名前を書くだけでOKです。座席表に❶,❷,❸…と記号を書き込むのも効果的な方法です。

メモをしながら,「❶の考えを一番先に聞き,❷はその後にしよう。❸は今回は出なかった…」などと思案し,指名の順序を考えます。

3 意図的指名で授業を展開する

机間指導を終えたら,全体の場で指名を行います。何人もの子どもが手をあげていますが,まずは❶の考えから発言させよう,と決めているので,「では安藤さん。どうぞ」と意図的に指名します。似た意見を言わせることで,考えがより明確になります。そこで,「続けて,後藤さん,どうぞ」と指名します。

仮に挙手する子がいなくても,心配はいりません。机間指導で子どもの考えはおおよそ把握できているからです。「では,手をあげていませんが,○○さん,書いたことを読んでください」などと発言を促すとよいでしょう。

「この意見しっかり考えさせたい」という場合には,「○○さんの,『ごんは撃たれたけれど,兵十に気持ちが伝えられてよかったと思う』という読みをどう思いますか? となり同士で話し合ってみましょう」などと問い返し,対話をさせるきっかけとすることもできるでしょう。

手をあげられなくても,真剣に学んでいる子どもはたくさんいます。このように,反応予測,机間指導,意図的指名を効果的に組み合わせることで,学習の質を高め,予測外の発言が飛び出すことや子どもの手があがらないことに対する不安やストレスから解放されましょう。

(藤原　隆博)

よく聞き，よく発言する子どもを増やす技

- ●教師の説明，友だちの発言を自分の言葉で言わせるべし！
- ●教師が説明するとき「数」を意識するべし！

　授業では，先生や友だちの発言を聞く場面がたくさんありますが，子どもたちはしっかり聞いているでしょうか。また，発表を求めても，発言者が偏って困っているということはないでしょうか。
　そこで，人の話をよく聞き，自分の話もしっかり発言できるようにする，一石二鳥の技を紹介します。

1 教師の説明を説明させる

　「これから〇〇をします。やり方は，最初に，…。次に，…。最後に…です」と活動の手順を説明する教師の話で授業がスタートすることがよくあります。しかし，説明を聞き取ることができず，「次は何をすればいいんですか？」「最後は何をするんですか？」と質問に来る子どもが少なくありません。一つひとつ区切って説明するという方法が親切ですが，教師が説明したことをもう一度となりの子どもに説明させる，つまり聞き役から発言者にするという方法もあります。
　例えば，
　「今，〇〇のやり方を3つ説明しました。3つのことを，順番におとなりと確認してください」
と指示します。

また、このとき、
「『まず』『次に』『最後に』という言葉を使いましょう」
と指示しておくと、発表のときに役立つ話し方の指導にもなります。また、2人ともわからないという場合は、班や近くの人に席を離れて聞きにいくといったことも認めるようにします。

子どもたちがこの方法に慣れてきたら、
「じゃあ、先生が4つ説明したうちの2番目だけおとなりの人と確認しましょう」
などと尋ねてみるのもおもしろいと思います。この活動を行うポイントは、教師自身が、説明することの数を意識し、必要に応じてそれを子どもに示すことです。

2 友だちの発言を自分の言葉でもう一度言わせる

教師の説明をもう一度言わせるのと同じように、授業の中での友だちの発言をもう一度言わせるというのも、発言者を増やし、授業への参加を促すうえで有効な方法です。

だれかが発表したとき、次のように尋ねます。
「今、○○君が何と言ったか、あなたの言葉でもう一度言ってください」
言うことができないという子どももいると思います。そのときは、最初に発言した子どもに、「もう一度言ってね」と言い直させます。

授業の中で、「今の発言は、本時のめあてにつながる大事なことに触れていたぞ」という発言にねらいを定めて言わせるようにすると、発言する子どもの数が増えるだけではなく、ねらいに近づくための手がかりを見つけられる子どもが増えます。

発展として、何人かに発言させ、「共通点は？」と尋ねたり、「○○と言ったのはだれ？」と尋ねたりする方法もあります。

（田中　元康）

指名・発表

発表の不安を解消する技

POINT
- 対話を踏まえて全体交流を行うべし！
- つまずきにはペアで対応させるべし！

　国語の学びの質を高めていくうえで，ペアでの対話や全体での話し合いの時間は必要不可欠なものです。特に，全体での話し合いでは発表者１人に対して他の子どもたちが聞き役となります。全員が主体的に学ぶ話し合いをつくるためには，学級の中に話を聞き合う土台をつくっていくことが大変重要です。

　ここでは，そのような話し合いの土台をつくるための技を紹介します。

1 対話を踏まえて全体交流を行う

　全体での話し合いの前にペアでの対話を設定し，全体の話し合いに移る前に，以下のように問うようにします。

> おとなりとどんな話になりましたか？

　このように尋ねたとき，挙手する子が少なかったり，反応が薄かったりする場合，以下のように投げかけ，さらに対話を促します。

> 時間が足りなかったかなぁ。あと30秒あげるから話してごらん。

子どもたちは対話をしながら，自らの解釈を整理したり，自らの解釈と友だちの解釈を比較して自分の考えをより明確にしたりしていきます。自分の考えていることを言語化するのが苦手な子どもにとって，このペアでの対話の時間の確保が大きな意味をもちます。

　学級がまだ話し合いに慣れていない時期には，このペアでの対話の時間を長めにとるとよいでしょう。

2　つまずきにはペアで対応させる

　全体での話し合いで発表する子どもには，学級の子ども全員の視線が集まります。そのために緊張してしまい，伝えたいことはあっても途中で言葉に詰まってしまう子どもも少なくありません。

　そのような場合には，以下のように投げかけ，ペアの子どもに補足してもらうようにします。

> ペアの○○さん，続きを言えるかな？
> さっきの話し合いで，どんな話をしましたか？

　このようにすることで，「困ったら友だちが助けてくれる」という安心感を子どもに与えることができます。

　また，ペアでの対話の際にも「話をしっかり聞いてなければ相手を助けられない」という意識が働くので，「友だちはどんなことを考えているのだろう」と相手の話をしっかり聞くことができる"積極的な聞き手"を育てることができます。

　このような形で話し合いを繰り返し行うことで，発表に対する不安が大きかった子どもたちも，少しずつ声を上げられるようになり，「学級全体で学んでいる」という雰囲気を醸成することができます。

（今野　智功）

指名・発表

自分の立場を明らかにさせる技

POINT
- ●複数のネームプレートを活用するべし！
- ●ミニホワイトボードとマーカーを活用するべし！

　授業中に"お客さん"をつくらないようにするためには，授業中に「お客さんでいても問題ない」という状況を生み出さない工夫が必要になります。授業の参加者として考えざるを得ない状況をつくり，自分の立場を明らかにさせるための技を紹介します。

1 複数のネームプレートを活用する

　多くの教室で，マグネット式のネームプレートを活用されていると思いますが，1種類であることが多いのではないでしょうか。おすすめは，2～3種類，裏表で色が異なるものです。ことに国語では，複数のネームプレートが有効に働く場面が多くあります。

　一般的な活用の仕方としては，黒板に出された考えに対して，自分の立場を表明するために使います。考えが変わったら貼ってある場所を移動させるという感じです。しかし，1種類のネームプレートでは，今現在の自分の立場しか見えず，考えや意見の軌跡は見えてきません。

　集団の学習では，友だちの考えや意見を受けて，自分の考えや意見を深化させることが大変重要です。複数のネームプレートがあれば，一人ひとりの考えや意見の軌跡について，黒板を介して全体で確認することができます。「考えや意見を変えられることはすばらしいこと」という考え方を学級に浸

透させるよいきっかけにもなります。

　学習スタイルに慣れてくると，子どもたちの方から複雑な考えを示すためにネームプレートを複数活用したり，貼り場所を工夫したりするようになります。

　また，次のようなプレートをつくり，活用することも，自分の立場を明らかにさせるうえで有効になります。

- ・「わかった」「わからない」「納得した」「納得しない」などを表情で表した，ニコちゃんマーク的なプレート
- ・子どもの顔写真や自分がつくったキャラクターをあしらったプレート

2　ミニホワイトボードとマーカーを活用する

　ミニホワイトボードとマーカーを各自に持たせ，考えを表現させるのも有効です。

　書かせる内容は，○×だけ，あるいは一言だけでも構いません。大切なのは使用頻度です（出番がたまにしかないと紛失のおそれが出てきます。各自で管理させることも生活指導上大切なことです）。

　ツールのもつ効果なのか，ホワイトボードを使用した学習に，子どもたちはとても意欲的になり，全員参加の学習が無理なく可能になります。長い文章を書かせる場合はノート，短い言葉であればホワイトボード，というように分けて使うとよいでしょう。

　全員に掲げさせると，意見の傾向を把握しやすいのも大きな長所です。子どもを前に出して確認したり，互いに見合ったりと，学習の幅も広がっていきます。

　また，「ホワイトボードタイム！」と教師が言えば，サッと子どもが動き出すようになると，授業にテンポが生まれてきます。

（大江　雅之）

1本の軸を生かして
話し合いを構造的にまとめる技

POINT
- 話し合いの前半は，外向きの軸で反対の意見をぶつけさせるべし！
- 話し合いの後半は，内向きの軸で折り合いを付けさせるべし！

1 対称となる価値観を示し，多くの意見を引き出す

　話し合いの場面で中だるみが生まれるのは，それぞれの立ち位置が明確でなかったり，意見の根拠が見えなかったりするときです。そこで，話し合いが今どちらを向いているのかを示す地図となる，構造的な板書が必要となるのです。ここでは，横1本の軸を用いた板書のつくり方を紹介します。

　まず，黒板中央に挿絵など本時のテーマとなるシンボルを提示します。次に，シンボルから左右に伸びる1本の直線をかきます。この直線は対称の矢印になっており，正反対の価値を表します。この矢印の上部に，子どもの意見の立ち位置と，根拠を書き込んでいきます。反対の立場から出た意見には，さらに反論が生まれ，外側に向かう活発なやりとりが生まれるでしょう。

2 2つの価値の共通点を探り，折り合いをつけさせる

　矢印の下部を使い，それぞれの立場で価値をまとめていきます。上部とは反対に，中央に向かうように話し合いは進みます。2つの立場の価値がまとまったあと，折り合いをつけるよう働きかけ，全体の納得解を導きます。このように，軸をつくることでエリアを分けるだけでなく，話し合いの方向性を明示することもできるようになります。

（宍戸　寛昌）

子ぎつねを町に一人で行かせるのは、悪い？ しょうがない？

しょうがない ← シンボル（挿絵等） → 悪い

最初に対称となる価値を提示し，意見を出しやすくします

広がっていった意見が，最終的に中央の落としどころでまとまります

縦書き板書を
まっすぐ整えて書く技

POINT
- 黒板上に板書の目印となるマーカーを用意するべし！
- 体の上下移動をまっすぐになるよう意識するべし！

1 黒板上に板書の目印となるマーカーを用意する

　シンプルですが、黒板にマーカー（目印）を用意すれば、縦書きもまっすぐに書けます。マジックや鉛筆で線を引く、シールを貼るなど、マーカーの付け方は様々に考えられます。私の場合は、水性マジックで黒板全体に7cm四方のマスを書いています。マジックでの書き込みが許されない場合には、6Bくらいの濃さの鉛筆で横に1本、縦に数本のマーカーを引きます。書き出しをマーカーに合わせて整え、あとは1行目の文字列に揃えて2行目以降を書いていきます。

2 体の上下移動がまっすぐになるよう意識する

　板書をする際は、チョークが顔の前くらいの位置にあるように心がけます。顔より高い分には書けますが、低くなると体の構造上の問題で書きにくくなったり、文字の中心がずれて曲がったりします。腕だけではなく、体の上下運動で書字位置の高さを変えましょう。また、上下移動がまっすぐになるよう、屈伸の仕方を工夫することがポイントです。極力、顔の前にチョークが来るようにします。

（井上　幸信）

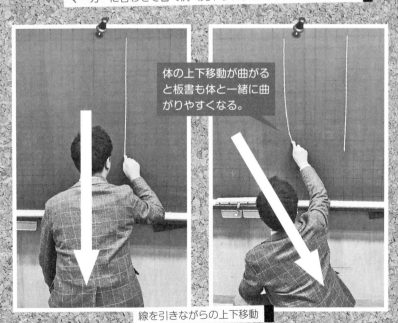

マーカーに合わせて書く例（見やすいようにホワイトボードで）

横のマーカー。 書き出しをそろえることで，板書全体がスッキリと整って見える。

縦のマーカー。 子どものノートの1行の文字数に合わせて。目盛りを打っておく。

スペースや句読点も1文字分とすることで，次の行を整えて書くことができる。

1行目はマーカー，目盛りに合わせて書く。2行目以降は1行目の文字に沿って書くことで，字数をそろえて真っ直ぐ書ける。

体の上下移動が曲がると板書も体と一緒に曲がりやすくなる。

線を引きながらの上下移動

学習の見通しを
しっかりもたせる技

POINT
- 考え方と活動を区別するべし！
- 考え方をきちんと示すべし！

1 考え方と活動を区別する

　子どもたちに，本時のねらいに迫らせるうえでポイントになるのが，授業の導入における学習の見通しです。

　学習の見通しには「どのように考えていけばよいのか」という「考え方の見通し」と「どんな順番で活動を行うのか」という「活動の見通し」があります。活動の見通しだけ示し，考え方の見通しが示されていないと，個人追究の停滞につながり，特に国語が苦手な子に力がつきません。

2 考え方をきちんと示す

　考え方は，次の2段階で示します。1段階目は「どんなところに着目し，どのように考えればよいのか」です。例えば「大造じいさんとガン」などの物語教材で中心人物の心情の変化を考えさせるとき「相手の名前の呼び方に注目して，変化を比べてみよう」といった形で示します。

　しかし，それでも意見をもちにくい子はいます。そこで2段階目として「○場面ではAと呼んでいたのが，△場面ではBと変わっている。AとBを比べると…だから，中心人物の気持ちは…」のようにひな型を示します。

（小林　康宏）

本時の学習問題の横に考え方の見通しを板書します

見通しがはっきりすることで，子どもたちはどんどん追究していきます

第2章　今日から使える国語授業づくりの技66　55

板書

振り返りや深い理解を促す示し方の技

POINT
- 板書のルールを決め，子どもと共有するべし！
- 板書を構造的に示すべし！

1 板書のルールを決め，子どもと共有する

　子どもは教師が板書したことをすべて写そうとします。しかし，すべて写していると話を聞き損ねたりします。

　そこで，授業の課題とまとめをオレンジの色のチョークで囲み，オレンジで囲まれた部分は必ずノートに書く，というルールにします。このようにすると，子どもは課題とまとめは必ず書くことになるので，家でノートを確認するときにも「今日何をしたか」がよくわかります。また，保護者が見てもわかりやすいノートになります。

2 板書を構造的に示す

　その他の部分についても，板書の示し方を工夫することで，子どもはノートが書きやすくなります。

　その１つが，板書を構造的に示すことです。

　例えば，右ページの写真では，説明文の全体構成を考えることが授業の課題なので，並列的に扱われている内容（③〜⑥）を１つの大きな枠で囲んで示しています。

（笠原　冬星）

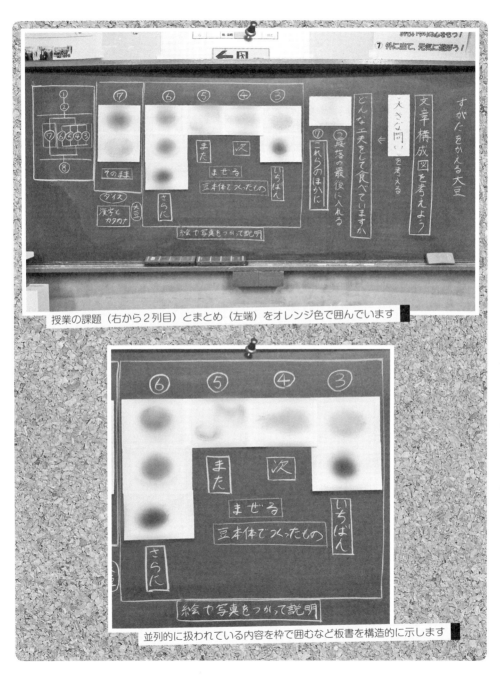

授業の課題（右から２列目）とまとめ（左端）をオレンジ色で囲んでいます

並列的に扱われている内容を枠で囲むなど板書を構造的に示します

授業のコンセプトに応じた使い分けの技

POINT
- まずは授業のコンセプトをはっきりさせるべし！
- 色や囲みを効果的に用いるべし！

板書はいつもワンパターンではなく，授業のコンセプトに応じて使い分けていくことが重要です。

1 時系列に沿って考えていく場合

右ページ上の板書は，右から左に時系列でつくられており，心情変化を考えるときなど，時間の流れが重要になる場合に有効です。並列して扱われることは縦に並べたり，関連する内容は同じ色のチョークで囲んだりして，授業の内容を構造的に表しています。

2 対立軸で深めていく場合

一方，右ページ下の板書は，黒板を大きく左右に分けて使っています。これは，『きつねの窓』（教育出版教科書６年下）で，窓のプラスのイメージとマイナスのイメージをそれぞれ深めていく中で，"作品の心"に迫っていく場面の板書です。このように，対立軸をはっきりさせて授業を進めたいときなどに有効な板書の仕方です。

こうすることで，意見交換を行うときなどにも，「○○さんと似ていて，…」「△△さんと違って，…」「□□さんに賛成で，…」など，立場を明確にし，話の内容がかみ合った議論になります。

（長屋　樹廣）

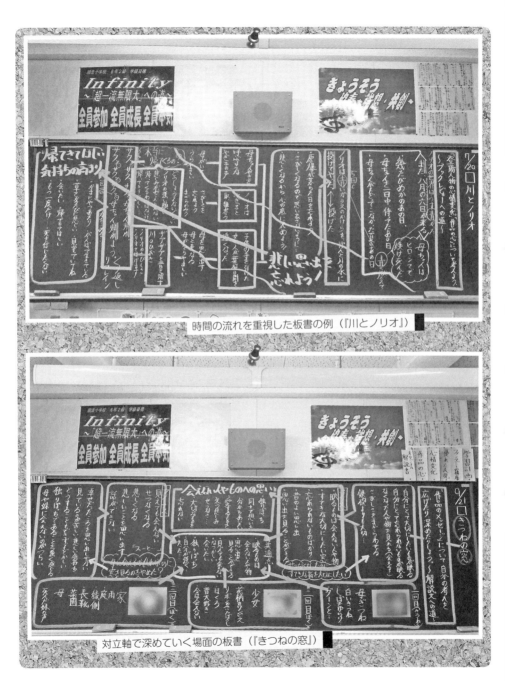

時間の流れを重視した板書の例(『川とノリオ』)

対立軸で深めていく場面の板書(『きつねの窓』)

話し合いの拡散や混乱を防ぐ技

- ●読み取りに必要な材料をあらかじめ示すべし！
- ●叙述と子どもの考えを分けて書くべし！

1 読み取りに必要な材料をあらかじめ示す

　子どもたちは，文章から何を読み取っていくか焦点化されていないと考えが拡散したり，混乱したりします。

　そこで，授業の冒頭で，これから読み取っていくために必要となる材料を示していきます。例えば，人物の心情の変化を読み取っていく場合，変化前と変化後の心情を確認して，あらかじめ板書します。こうすることで，子どもたちは板書で示した材料を基にして，その間に何があったのか，どうして変わったのか，といったことに焦点化して読み取っていくことができます。

2 叙述と子どもの考えを分けて書く

　読解の授業において，子どもたちが表明する考えは，叙述に基づき，根拠が明確になっている必要がありますが，その叙述と子どもの考えの関係性が不明確になったり混同されたりして，話し合いに混乱が生じる，ということが起こりがちです。

　そこで，子どもたちが見つけた叙述とそこから形成された考えを分けて板書します。自分たちがどの叙述からどのように考えたのかが可視化され，わかりやすい板書になります。

（渡部　雅憲）

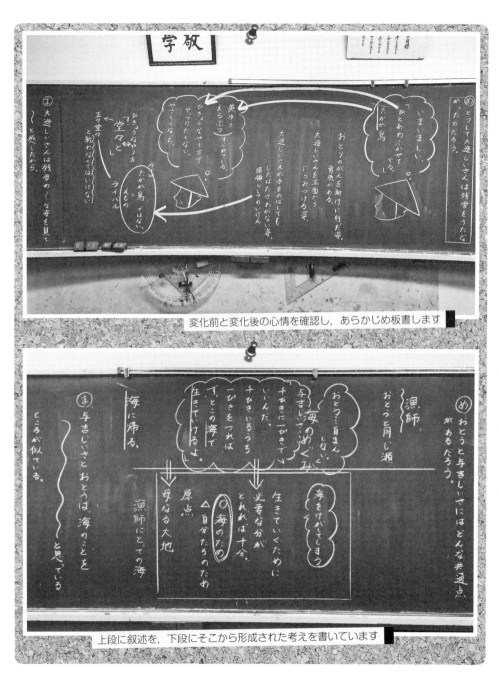

授業がめあてから逸れることを防ぐ技

POINT
- 授業のはじめにまとめの型を示すべし！
- 常にまとめとのつながりを意識して情報を整理するべし！

1 授業のはじめにまとめの型を示す

授業を進めていくうちに，めあてから逸れていってしまうという失敗を経験したことはないでしょうか。そうならないようにするためには，子どもたちに「45分の最後に，こんな振り返り（まとめ）を書けたらいいよ」と，先に示しておくことがおすすめです。

右ページ上の写真のように，授業のはじめに，めあてを黒板の右端に書いたら，それに対応したまとめの型を黒板の左端に書きます。そうすることによって，子どもたちには授業のゴールがわかりやすくなり，教師自身もめあてから逸れずに授業を進めていくことができます。

2 常にまとめとのつながりを意識して情報を整理する

めあてとまとめの間の部分を板書する際にも，常にまとめにつながるような情報の整理を心がけます。右ページ下の写真では，つなぎの段落とその段落のはたらきを明らかにするというまとめに照らして，段落構成がわかりやすくなるように，番号を振ったり，枠で囲んだりしています。こういった意識で板書をしていくと，何を書けばよいのかわからなくなったり，余計な情報を書いたりすることもなくなります。

（佐藤　司）

子どもに思考力をつける構造化の技

POINT
- ●指導事項を簡素化・焦点化・構造化するべし！
- ●他の学習に転用・活用しやすい構造にするべし！

1 簡素化・焦点化・構造化を図る

　もしも，「来月に行う研究授業の内容について，同僚にわかりやすく説明してください」と言われたらどうするでしょうか。この場合，指導事項を簡素化・焦点化・構造化した学習指導案を提示されることが多いと思います。

　これは，授業においても同じことです。わざわざワークシートをつくるのは，子どもにとってそのままではわかりにくい指導事項を，簡素化・焦点化・構造化してわかりやすい形で示すためです。

2 他の学習に転用・活用しやすく構造化する

　ワークシートをうまく構造化すれば，その構造を他の学習に転用・活用することも可能です。

　右ページ上の例は，『注文の多い料理店』の読解についてワークシートの構造を，物語づくりの構想シートに転用した例です。

　このように，ワークシートの構造が，子どもに身につけさせたい思考の仕方そのものなのです。時には他教科での転用・活用も視野に入れたいものです。

（菊地　南央）

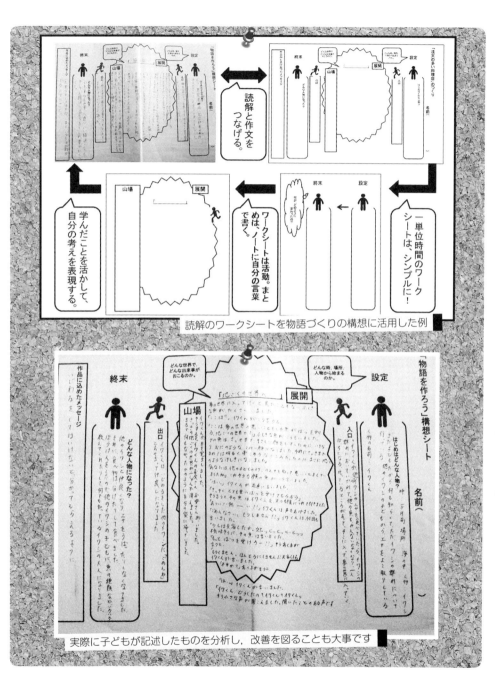

読解のワークシートを物語づくりの構想に活用した例

実際に子どもが記述したものを分析し，改善を図ることも大事です

第2章 今日から使える国語授業づくりの技66

ワークシート

自分の好きな本のよさを効果的に伝えさせる技

POINT

- ●紹介の視点を定めるべし！
- ●関心をもって聞けるようなグループ分けをするべし！

1 視点を定めて書かせる

　読書を活性化させるために，本のよさを紹介し合う活動を行おうとしても，自分の本のよかったところをうまく説明できない子どもが少なくありません。そこで，ワークシートを工夫することで，効果的に自分の本のよさを話せるようにします。

　具体的には，右ページ上の「私の本のいいところ紹介シート」のように，「心に残った場面」「心に残った場面のイラスト」「不思議に思ったことや質問」「自分の経験とのつながり」の4つの内容に絞って書くようになっており，10分程度で書けます。なかなか自分の本のよさが伝えられなかった子どもでも，視点を定めてあげることで，書きやすくなります。

2 「お話マップ」を使ってグループ分けする

　本のよさを紹介し合う活動では，まず，右ページ下のような2軸4象限の「お話マップ」を黒板に書き，子どもにネームプレートを貼らせます。そして，ジャンルが近い子どもたちでグループをつくります。そうすることでお互いの本への関心も高くなります。3～4人グループになり，1人1分程度で紹介し，最後に「学び合いで思ったこと」を書かせます。　（比江嶋　哲）

4つに視点を定めて紹介させます

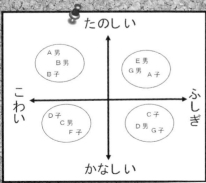

「お話マップ」を使って，近いジャンルの人で集まって紹介し合えるようにします

ルーブリックを活用して振り返りの質を高める技

POINT
- 本時の学習を振り返って，深い学びに向かわせるべし！
- 子どもの記述を紹介し，よりよい振り返りを促すべし！

1 ルーブリックを基に本時の学習を振り返らせる

本時の学習のまとめとして，振り返りカードを使用することがあります。ここで紹介する「学習ふりかえり表」には，子どもがどの程度目標に到達しているかを自分で確認できるようにルーブリックが示されています。これにより，自分の学びを客観的に省察し，◎・○・△の3段階で自己評価することができます。また，記述欄「次回へ向けて一言」を書くことで，次時の学習を見通させます。ルーブリックは，単元を通じてどのような力をつけたいのかを，子どもがわかる言葉で明示しましょう。

2 よい記述を紹介する

次時のはじめに，子どもの記述からよい例を紹介すると，学級全体の振り返りの質が少しずつ高まっていきます。友だちがどのように学習に取り組んでいるのかを知ることで，「自分もしっかり学習しよう」と，より積極的な学習態度も生まれていきます。

教師は，「○○さんは，『…について本を使って調べよう』と書いているから，今日何をすればよいのかがわかっているね」などと，具体的に認めてあげるとよいでしょう。

（藤原　隆博）

落語発表会を開こう　～ぞろぞろ（落語）～　　学習ふりかえり表

4年　組　名前（　　　　　　　　）

1　ふりかえりのポイントと、説明

	国語の学習が楽しい・好き	読み方	言葉
説明	①今日の学習を楽しんでいる。②自分で考えようとしている。③グループの友達と学び合いが楽しめる。	①登場人物の性格を考えて、人物のちがいが分かるように音読する。②音読台本に音読記号を書き込む。登場人物の気持ちを想像し、さらに書きたす。③友達にも教えてあげる、友達から、教えてもらう。	①登場人物の性格が表れている、会話文の言葉づかいを見つける。②新たに言葉の意味を知る。③言葉づかい、意味を友達にも説明できる。
◎	①～③のすべてかんぺき！		
○	①～③の2つはできた。		
△	①～③の0～1つできた。		

2　ポイントごとに今日の学習をふりかえってみよう！

学習した日	国語の学習が楽しい・好き	読み方	言葉の使い方	次回へ向けて一言
月　日				

ルーブリックを活用した「学習ふりかえり表」

よい記述を紹介することで、学級全体の質を高めていきます

ワークシート

書く意欲を高める「ご本人登場」の技

POINT
- ワークシートに作者・筆者を登場させるべし！
- 場面を選んで活用するべし！

1 ワークシートに作者・筆者を登場させる

　物語であれば「作者」，説明文であれば「筆者」の人物像を知ることは，作品の読解においてとても大きな意味をもちます。物語の主題やメッセージは，作者の生き方や考え方に依るところが大きく，説明文の主張や要旨は，筆者の職業や問題意識に依るところが大きいからです。

　そこで，物語の主題やメッセージ，説明文の主張や要旨をより的確に，効果的にとらえやすくさせるために，手づくりワークシートに，作者・筆者の「ご本人」を登場させます。

2 場面を選んで活用する

　例えば，ワークシートの中に，作者・筆者の写真を挿入し，それにふきだし（コメント）をつけます（イラストや写真は，著作権に注意して扱ってください）。

　同じ問いやアドバイスでも，ただふきだしで書いてあるだけの場合と違い，作者・筆者の存在を感じることで，作品に対する関心や親しみが増し，読みの深まりが期待できます。物語文であれば主題やメッセージをとらえる場面で，説明文であれば主張や要旨をとらえる場面で有効です。　　（大江　雅之）

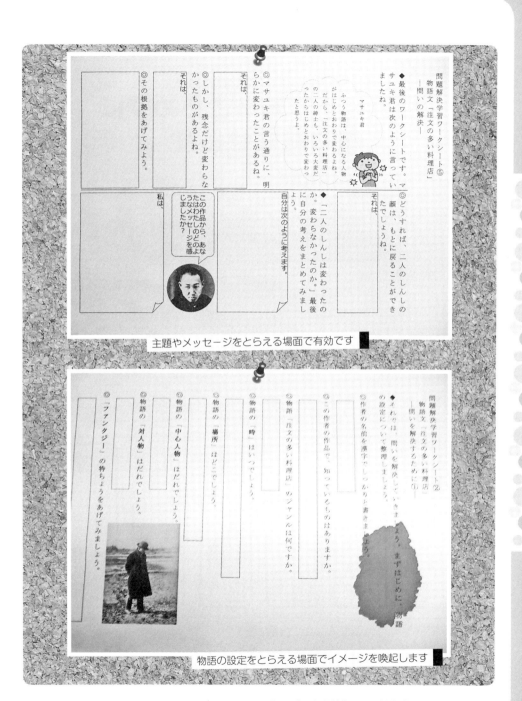

苦手な子にもあきらめずに取り組ませる技

POINT

- 空欄に答えを薄く印字しておくべし！
- 文章回答欄は補助設問を用意しておくべし！

ワークシートをつくることは，授業の板書計画の一部を作成することであり，教材研究そのものです。ところが，でき上がったワークシートが，空欄が多過ぎたり，手がかりが少な過ぎたりして，子どもにとって使いにくいものになってしまうことがないでしょうか。そこで，国語が苦手な子でも意欲的に取り組めるようなワークシートづくりのちょっとした技を紹介します。

1 空欄に答えを薄く印字しておく

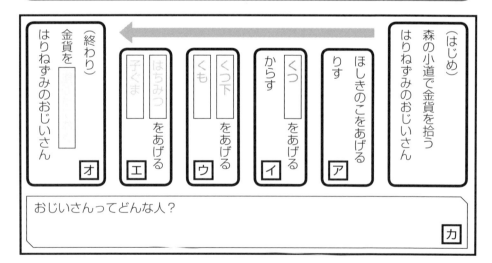

左ページに示しているのは,『はりねずみと金貨』(東京書籍教科書3年下)の全体を図にまとめたものです。この図の中に,空欄をつくり,ワークシートとして子どもに配りました。このワークシートを見て,何か気づかれたことがないでしょうか？　そうです,空欄に薄い字で答えが書いてあるのです。イの部分の字が一番濃く印字されており,ウ→エ…とだんだん薄くなっています。

　ワークシートを受け取った子どもは,「なぞっていいの？」と質問してくるので,「もちろん！」と答えます。こうして配ったワークシートですが,手にした子どものうち,いつもはなかなか取り組もうとしなかったA君も鉛筆をすぐ手にしていました。また,「エとオ,薄くてわからない…」と言ったB君も,進んで教科書を開いて答えを探そうとしています。前半部分(ウまで)は書き込むことができたからこそ,全部仕上げたいと思うようになったのでしょう。

2　文章回答欄は補助設問を用意しておく

　カのように,答えを文章で表す場合,どのように書けばよいのかわからず,すぐに取りかかることができない子どもが増えます。そんなときは,次のように選択式の補助設問を用意しておきます。必要な子どもにだけ配付し,後でワークシートに貼らせればよいのです。

おじいさんってどんな人？　※1つえらんで,○をつけましょう。

　　　　やさしい　　　ずるい　　　そのほか

　　　　　　　　　　　　　　　　　　　　　　カ

　このとき,選択肢の下を少し広く空けておくことがポイントです。答えを選んで満足する子どももいれば,選んだ後,みんなのように文章でも解答したいと思い始める子どももいるからです。

（田中　元康）

どの子にも確実にノートをとらせる技

POINT
- ●確実に書けるようにするためのポイントを押さえるべし！
- ●板書とノートを対応させるべし！

1 確実に書けるようにするためのポイントを押さえる

　子どもたちに確実にノートをとらせるうえでポイントとなるのは，以下の3点です。

❶何をノートに書かせるかを絞る（本時のめあてや見通し，個人追究での自分の考え，まとめなど，授業の骨格に関することに絞ることで，話し合いの時間等も確保できる）。

❷子どもがノートをとるのにかかる時間を，ゆっくりしたスピードで書くことを想定して割り出す。

❸ノートをとる時間をきちんと確保する（黒板を写す時間や自分の考えを書く時間を毎日の授業で確実に確保し，ちゃんと書いているか見届ける）。

2 板書とノートを対応させる

　確実にノートをとらせるうえで気をつけなければならないことが，あと1点あります。それは，板書をノートに対応させてつくることです。ノートのどこに何を書けばよいのか，子どもにはなかなかイメージがわかないものです。本時のめあてなどノートに写す項目や自分の考えを書く場所なども「先生が黒板に書いたようにしましょう」と指示していきます。　（小林　康宏）

ゆっくりしたスピードで書くことを想定して,かかる時間を割り出します

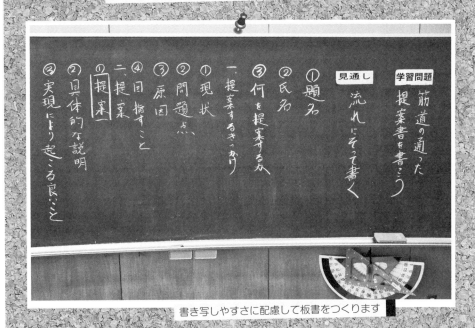
書き写しやすさに配慮して板書をつくります

大切なことをスッキリ書き残させる技

POINT
- ノートと黒板との1行の文字数をそろえるべし！
- 記録するスペースと思考するスペースを分けさせるべし！

1 ノートと黒板の1行の文字数をそろえる

　ノートは学習の記録であり，思考の場でもあります。学習の要点を見やすく，振り返りやすい状態で記録できるようにさせたいものです。

　そのためには，板書とノートとの文字数をそろえることが大切です。1マス空け，1行空けなども記号で示し，どのようにノートに写せばよいかがわかるようにします。

2 記録スペースと思考スペースを分けさせる

　全員が同じように書く課題やまとめ，学習上の要点は，上記の方法で整えて書くことが有効です。

　しかし，授業の中で考えたこと，友だちの意見のメモなどをノートに書き加えていくと，どうしても紙面全体が見にくい状態になってしまう子が出てきます。せっかく整えて書いた課題なども見にくくなります。

　そこで，ノートを上下，あるいは左右の見開きで使い，片方を記録のスペース，もう片方を思考のスペースとします。思考したことで重要だと思うことは，最後に記録スペースに転記させ，すっきりとまとめます。

（井上　幸信）

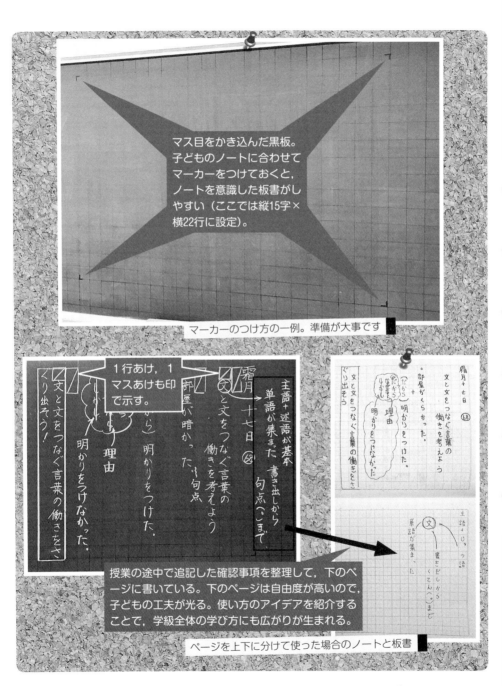

ノート指導

子どもに自分の成長を実感させる技

POINT
- ノートに「授業の感想の書き方」を貼らせるべし！
- 使い終わったノートを教室で展示するべし！

1 ノートに「授業の感想の書き方」を貼る

　国語のノートの表紙をめくったページに，「授業の感想の書き方」を示した紙を貼らせます。書き方を提示し，いつでも確認することができるようにすることで，書くことが苦手な子や思いをもつことが苦手な子も取り組みやすくなります。学習感想や振り返りを書くことは，自分で学習の成果を実感することにつながります。学年に応じて，感想の書き方を具体的に提示することで，友達の発言を思い出したり，その時間に大切だと思ったことを再考したりすることができます。

2 使い終わったノートを教室で展示する

　ノートを使い終わったら，処分してしまうのではなく，教室で保管するようにします。教室で保管するといっても，教師がもっておくわけではなく，「宝の国語ノート」「学習の軌跡」などと銘打って，教室に展示します。過去のノートをいつでも手に取ることができるようにすることで，同じ単元の過去の学習を振り返ることができるだけでなく，学級活動での話し合いの仕方や生活科の観察日記の書き方など，他教科の学習にも生かすことができます。

（手島　知美）

ノートに貼らせる「授業の感想の書き方」の例

過去のノートを見返したら、付箋を貼っておくと便利です

授業を振り返って思考を整理させる技

POINT
- 授業の最後にノート整理の時間をとるべし！
- 友だちのノートのよいところをまねさせるべし！

1 授業の最後にノート整理の時間をとる

　作品を読む，話し合う，発表する…と，国語の授業中に子どもにさせたい活動はたくさんあります。そんな中で，ノートをしっかり整理することは，意外に流されてしまいがちです。

　そこで，ノートを整理する時間を授業の最後にとるようにします。授業を振り返って思考を整理し，ノートを完成させる時間です。この時間には「『いいな』と思った友だちの発言」「先生が話していた大事なこと」「授業の途中で書ききれなかったこと（後で書けるようスペースを空けておくことを指導します）」などを書かせます。

2 友だちのノートのよいところをまねさせる

　何をどのように書いたらよいのか，理想のイメージがないと，ノートはなかなか充実しません。そこで，お手本となる友だちのノートを見る機会をなるべくたくさんつくります。ノート整理の時間に自由に見て回らせるのもよいですし，教師がお手本となるようなノートをカラーコピーして教室に掲示するのもよいでしょう。

（佐藤　司）

整理前のノート（授業中，すきまを空けて書くのがコツ）

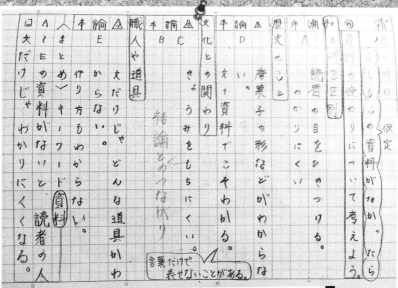
慣れてくると，5分でここまで整理することができます

ノートを思考の
ツール化する技

POINT
- 自分の考えの根拠となる情報を集めさせるべし！
- まとめには課題に正対した答えを書かせるべし！

1 自分の考えの根拠となる情報を集めさせる

　子どもにいきなり考えを述べさせると，感覚頼りになり，なかなか説得力のある考えが出てこないことが少なくありません。これは，しっかりと時間をかけて根拠となる情報を集めていないからです。

　そこで，まずは課題を解決するために必要な情報をノートにできる限り集めさせ，そこから比較や関係づけといった思考の方略を働かせ，自分の考えを導かせるようにします。

2 まとめには課題に正対した答えを書かせる

　授業の最後にまとめを書かせると，「今日の授業は楽しかった」「今日はたくさん発表できてよかった」といった感想が多くなりがちです。これでは，今日の１時間の学びの中で，何がわかったのか，できるようになったのかがはっきりしません。やはり，国語も算数や理科と同じように，まとめには課題（めあて）に正対した答えを書かせるようにしましょう。もちろん，一人ひとりの学びに向かう態度も知りたいので，その後に感じたことなども書き添えさせるとよいでしょう。

（藤田　伸一）

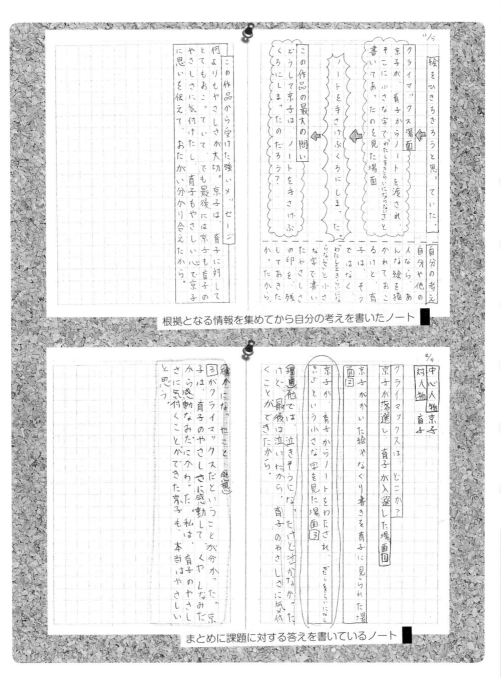

ノート指導

自分の考えをすっきり整理し，深めさせる技

POINT
- 着目させたい項目をあらかじめ提示するべし！
- クリティカルな読みで筆者の工夫に迫らせるべし！

1 着目させたい項目をあらかじめ提示する

　ノートに考えを書くときに，書き出しから迷ってしまう子がいないでしょうか。書きたいことはあるけれど，どう書いてよいのかわからないからです。そこで，着目させたい項目をあらかじめ提示すると，考えを整理しやすくなり，考える方向が焦点化されます。

　右ページの例では，物語文は「表記面」「内容面」「自分の考え」，説明文は「内容」「構成」「資料」としています。教材によって変更は必要ですが，同じように指導することで子どもは書きやすくなります。

2 クリティカルな読みで筆者の工夫に迫らせる

　書き手の工夫に気づかせることは大切な学習です。そのときには，子どもにも書き手の立場に立たせることで，クリティカルに読むことにつながっていきます。

　そこで，子どもが感じた「わかりやすい点」「納得した点」「疑問点」をノートに書かせ，その内容を授業の中で扱っていきます。

（流田　賢一）

物語文で自分の考えを整理したノート

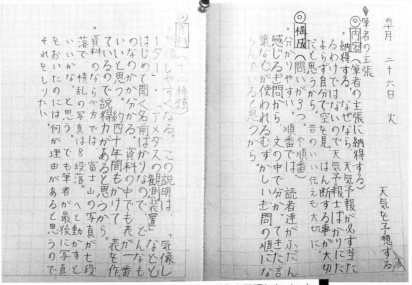

説明文で自分の考えを整理したノート

意見交換を
ガッチリ噛み合わせる技

POINT
- 交流シートというフィールド上で話し合わせるべし！
- 質問と応答から出た根拠を加えて強力な自論へ導かせるべし！

1 交流シートでペアでの話し合いを地上戦へ移す

　高学年になると，ペアで話す活動に対して消極的な子どもが増えてきます。また，話していても話題があちこちに飛んだり，思い込みが重なったりする"空中戦"になることもしばしばあります。これらは，ペアで話す活動のやり方が十分に身についていないにもかかわらず「ペアで話してごらん」と投げかけることで生まれる問題です。そこで，2人が将棋のように交代で話す仕組みをつくりつつ，話題が1つの事実から離れないようにするための「交流シート」の活用をおすすめします。

2 交流シートを用いたペア学習の方法

❶テーマに対する自分の意見を書く（個人）
❷自分の意見の基となる理由を，3枚の付箋を使って3つ書く（個人）
❸相手の理由に対して，1つずつ質問を付箋に書く（相互）
❹付箋を相手のシートに貼りながら質問し，答えることを繰り返す（ペア）
❺質問と答えで出てきたことを取り入れ，最終的な意見を書く（個人）
　根拠と質問を付箋に書くことで，トランプのカードのように相手へ提示するおもしろさが生まれ，事実に即した話し合いになります。　　（宍戸　寛昌）

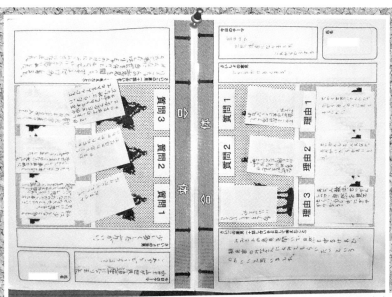

相手の質問に対応する理由を考えながら，自分の考えを整理していきます

付箋を渡すという操作を組み込むことでやりとりがスムーズに進みます

ペア学習

ペアをどんどん変えながら学習を深めさせる技

POINT
- ●移動の仕方を決め、ペアをどんどん変えさせるべし！
- ●目的，着眼点，時間をはっきりさせるべし！

1 移動の仕方を決める

　一生懸命書いた作文や詩，あるいは自分の考えを，相手にしっかり受け止めてもらい，しかも多様な考えに出合わせたいというときは，ペアをどんどん変えさせていく手法が有効です。このとき，まず大切になることは，移動の仕方をしっかり決めることです。自由に相手を見つけてペアになって発表し合うという手法は，よほど開放的な学級でない限り，仲のよい子同士でペアになり考えが深まらない，ペアがなかなか見つからない子が出てしまう，といった問題が起こりがちです。

2 目的，着眼点，時間をはっきりさせる

　ペアで発表し合う子どもたちが，何のために活動し（目的），どこに目をつけて感想・意見を言うのか（着眼点），をしっかり認識していないと学習が拡散していきます。また，1回の交流を何分間で終了させるのか（時間）がはっきりしていないと，活動が終わっていないうちに交代となり，学習が成立しません。したがって，目的，着眼点，時間を活動に入る前にはっきりさせましょう。さらに，早めに活動が終わったときにはどうするのかもあらかじめ指示を出しておきたいところです。　　　　　　　　（小林　康宏）

目的・着眼点・時間・移動の仕方をあらかじめ板書で示します

より多くの考えに触れることで学びが深まっていきます

相手の反応を促しながら意見を述べさせる技

POINT
- 「カーネーション言葉」を意識的に使わせるべし！
- 反論は前置きの言葉を意識的に使わせるべし！

1 「か・ね・しょ」で相手の反応を促す

ペアでの話し合いでは，ノートに書いてある自分の意見を言うだけになってしまい，話が深まらないときがあります。

そこで，「…じゃないですか」「…ですよね」「…でしょ」という，「カーネーション言葉」を意識的に使って話をさせると，相手の反応を促しながら自分の意見を聞かせることができます。

例えば「…ですよね」で自分の考えの根拠を述べて，最後に「だから，…だと思います」と話すと，根拠に基づく話し合いになっていきます。

2 相手の意見を受けて自分の考えを言わせる

「カーネーション言葉」は，相手の話を聞いたうえで，自分の意見を述べるときにも有効です。その際は「確かに」「要するに」「例えば」などと前置きの言葉を使うこともポイントになります。

「確かに，…だけど，…は…じゃないですか。（はい）だから，ぼくは…と思います」「…くんは…と言ったけど，例えば，…のときは…じゃないですか。（はい）だから…ではないでしょうか」といった感じです。相手の意見を受けて自分の考えを言うことで話し合いも深まります。　　　（比江嶋　哲）

私は、ごんはひどいきつねだと思います。
ごんのいたずらで、菜種がらに火をつけたと書いてあるじゃないですか。
これは、おひゃくしょうさんたちからすると、とてもひどいことですよね。
だから、ごんはひどいきつねだと思います。

カーネーション言葉

～じゃないですか
～ですよね
～でしょ

「か・ね・しょ」を意識的に使いながら自分の意見を述べさせます

反論の際は、前置きの言葉を意識的に使うこともポイントです

話を端的にまとめる力を身につけさせる技

POINT

- キーワードを設定して話させ,要約しながら聞かせるべし!
- プラスαのクイズで盛り上がるべし!

1 キーワードを設定して話させ,要約しながら聞かせる

　子どもたちは,夏休みや冬休みなどの休み明けに,様々な思い出を話すことを楽しみに学校へやって来ます。ぜひその話を聞き合う機会を設けたいものですが,単なる思い出発表会にしてしまっては,話したり,聞いたりする力の向上は望めません。そこで,キーワードを設定して話す,要約しながら聞く,という条件をつけ,話を端的にまとめる力をつけることをねらいます。

　まず,話したい思い出のタイトルと,複数のキーワードを各自がワークシートに書きます。

　次に,ペアになって思い出話を発表し合います。その際,話し手はキーワードを使い,短く思い出を話します。聞き手は「つまり,○○が楽しかったんだね」と聞いたことを要約して言葉にします。話し手は聞き手がまとめた言葉を自分の言葉に直しながらワークシートに書き込みます。これを話し手と聞き手を交代したり,ペアを組み直したりして繰り返していきます。

2 プラスαのクイズで盛り上がる

　ペアでの対話活動後はワークシートを回収し,ランダムにキーワードを選んで,だれの思い出か当てるクイズをすると盛り上がります。(田中　僚)

キーワードを設定することで端的な話し方を心がけるようになります

キーワードからだれの思い出か当てるクイズをすると盛り上がります

子どもが自然に話したり，聞いたりしたくなる技

POINT
- 子どもの気持ちを高め，自然な流れでペア学習に入るべし！
- 基盤となる人間関係づくりを大切にするべし！

　子どもたちが少しずつ，目的や状況に合ったペア学習を行い，どの子も楽しく参加できることを目指した技を紹介します。
　子どもたちが自ら動き出し，読んだり話したり質問したりする姿を引き出すための工夫です。

1 自然な流れでペア学習を仕組む

　まずは，子どもたちが，話してみたいな，聞いてみたいなと思えるテーマを設定します。
　例えば「大好きな本ベスト3」「○○さん聞いて！日記」「わたしの（ぼくの）□□新聞」など，作成した表現物が，自分を紹介することになるようなテーマがおすすめです。
　教師は，子どもが作成している間，机間を回って「いいのができてるね！」「えっ，ホントに！」などとつぶやきながら，友だちの表現物が気になるように仕向けて行きます。
　そして，満を持して，
　「おとなりさんに聞いて（読んで）もらいたいね」
と投げかけ，自然な流れでペア学習に入っていきます。
　紹介が始まると，いろいろな感想や評価が飛び交い始めます。これが子ど

もたちの自然な姿です。
　しかし，このままでは少しもったいないので，相手に質問をしている子を探します。見つけたらすかさず，
「〇〇さんのように，聞いてみたいことが見つかるっていいよね」
と声をかけます。
　そして，下学年の授業なら，
「聞き返してもらえると，たくさんお話ができて楽しいね」
というように安心して話したり聞いたりできる雰囲気づくりに努めます。
　上学年の授業なら，
「質問をすると，思いもよらなかったことに気づけたり，考えがまとまるチャンスが生まれるね」
というようにペアでの対話のよさに触れます。

2　ペア学習の基盤となる人間関係を築く

　授業の中でペア学習を成立させるうえで欠かせないのが，日々の人間関係づくりです。
　「おとなりさんに聞いて（読んで）もらいたいね」と投げかけても，はずかしいなと感じている子もいると思います。それでも一歩を踏み出せる子が多い学級は，お互いのよさや違いを認め合える人間関係がしっかりできています。
　そのような人間関係を築くには，例えば，ペアでの「いいところ見つけ」などの活動が有効です。相手のよさやおもしろさを見つけ，伝え合うシンプルな活動ですが，いいところを伝えられれば，だれでも幸せな気持ちになります。教師は，相手のいいところをたくさん見つけ，伝える姿をどんどん称賛していきます。
　正解か不正解かよりも，相手のよさや違いに気づき，自分の考えや行動に生かすことができるところに，ペア学習のすばらしさがあります。

（藤井　大助）

ペア学習

話し合いを可視化し，相手を尊重する態度をはぐくむ技

POINT

- ●ペア筆談で話し合いを可視化するべし！
- ●相手を尊重する態度をはぐくむべし！

　最近では，ペアトークが当たり前の言語活動として，どこの教室でも行われるようになってきましたが，「とりあえずペアトーク！」といった活動は考えものです。

1 話し合いを可視化する

　子どもに預ける時間は，注意が必要です。それぞれのペアがどのような話し合いをしているのかを教師が把握しにくくなるからです。そこでおすすめのペアトークの1つの形が，「ペア筆談」です。音声言語ではなく，文字言語で話し合いをさせることで，その内容や流れを教師が（子どもたち自身も）把握しやすくなります。

2 相手を尊重する態度をはぐくむ

　ペア筆談では，音声言語による自由なペアトークよりも，相手の意図をしっかり汲み取ろうという意識を高くもつ必要があります。そのため，子どもたちの集中力が増すとともに，相手を尊重する態度をはぐくむことができ，ペアで考えを構築しようとするようになります。ペア筆談で十分に意見交流が可能であれば，学級の「学習集団」としての状態が，かなり育ってきていると言えます。

（大江　雅之）

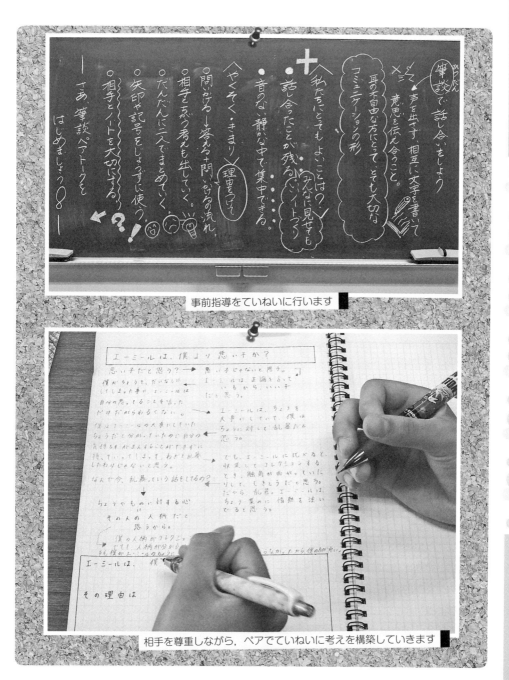

事前指導をていねいに行います

相手を尊重しながら、ペアでていねいに考えを構築していきます

ペア学習

頭を使いながら楽しく音読をさせる技

POINT
- ペアで新聞を音読をさせるべし！
- いろいろなパターンに挑戦させるべし！

1 ペアで新聞を音読する

「つぶやき読み」※は，ペアで片方が音読をして，もう片方が「なるほど」「そうだね」といったつぶやきを合いの手のように入れる方法です。この「つぶやき読み」を用いて新聞記事をペアで音読するという技を紹介します。

記事は，小学生新聞等，漢字に仮名を振っているもので，200字程度がおすすめです。最初は教師がつぶやき方の例示をするとよいでしょう。

2 いろいろなパターンに挑戦させる

子どもが新聞記事の音読に慣れてきたら，いろいろなパターンで取り組んでいきます。

例えば，2人が読む記事を違う記事にする，という方法があります。自分の知らない記事を相手が読んでくれるので，興味をもって聞くようになり，心からの「なるほど」「へぇ」「そうなんだ」が聞かれるようになります。

その他にも，「同じつぶやきはNG」「1文ごとにつぶやいて交代読み」等も取り入れると，ペアで楽しく音読する姿が見られます。

※桂聖編著『「考える音読」の授業　説明文アイデア50』（東洋館出版社，pp.40-41）

（田中　元康）

新聞をペアで音読する3年生

つぶやきを一文ごとに変えて取り組む6年生

第2章 今日から使える国語授業づくりの技66

フェーズとターンで，話し合いにテンポと深まりを生み出す技

POINT
- ●細かいフェーズに区切ることで，話し合いにテンポを生み出すべし！
- ●複数のターンを重ねることで，話し合いに深まりを生むべし！

1　グループで何を，どのように話し合うのかを明確にする

　グループで行う言語活動は，話す子どもとあまり話さない子どもの間で活動差が大きくなりがちです。また，慣れないうちは，意見を出させたりまとめたりする司会者の負担が大きくなります。そこで，短い活動の手順をひとまとめにした「フェーズ」という進め方を子どもに示します。

❶個人でテーマに対する自分の意見と理由，根拠を書く。
❷グループになり，一人ひとりが自分の意見を発表する。
❸それぞれの意見の強みと弱みについて意見を出し合う（相互理解・共有）。
❹全員が納得できる意見に絞ったり，よりよい新しい意見を考え出したりする（合意形成・創発）。
❺グループの意見に対する自分の意見を書く。

2　メンバーを変えてさらに意見を深める

　上の5フェーズで，話し合いの1回分が終わります。この区切りを1ターンとし，メンバーを変えて新しいターンの話し合いをします。それぞれのメンバーが前のグループの結論を持ち寄り，さらに合意形成を図っていくので，よりよい意見に変わっていく可能性がグンと高まります。　　　（宍戸　寛昌）

意見の変容が目に見える話し合いシート

「書く」フェーズと「話す」フェーズを座る向きで切り替えます

より主体的に話し合わせる技

- グループ学習の失敗を生かすべし！
- 話し合いのゴールとルールをもたせるべし！

1 話し合い方の問題点を子どもに考えさせる

　グループ学習は，ただ「話し合いなさい」と言っても，話がまったくかみ合わなかったり，一部の子どもしか話さなかったりして，うまくいかないことが少なくありません。そのように，グループ学習につまずいたとき，「何が問題でうまく話し合えなかったのかな？」と子どもに尋ね，話し合いのルールがなかったことなどに気づかせます。教師が教え込むのではなく，失敗を基に子どもに気づかせる方が，主体的な話し合いにつながります。

2 「ゴール」と「ルール」を意識させる

　話し合いでまず大切なのは，「ゴール」をはっきりさせることです。同じような話し合いでも，「意見をまとめる」ことが目的の場合もあれば，「意見を出し合う」ことが目的の場合もあります。そこで話し合いに入る前に，「今回の話し合いでは，最後にどうなればよいのかな？」などと問います。

　そして，ゴールに向かうための「ルール」を，先の問題点を踏まえて決めます。「司会を立てる」「全員話す」「友だちの意見に反応する」「前の人と意見をつなげて話す」など，できていないことから考えさせます。重要なことが子どもから出ないときは，教師から課題を投げかけます。　（伊東　恭一）

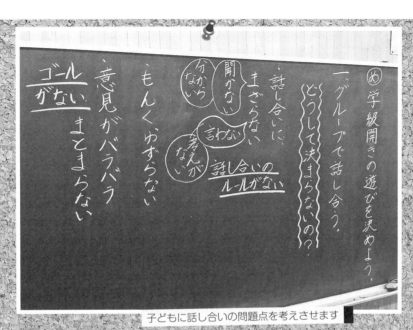

子どもに話し合いの問題点を考えさせます

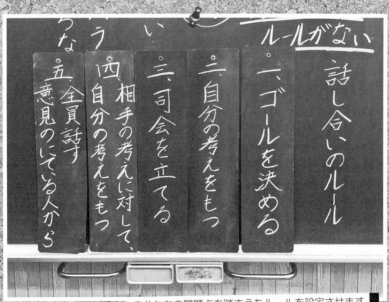

自分たちの問題点を踏まえたルールを設定させます

グループ学習

発表，話し合いを盛り上げる技

POINT
- 進め方を決めて，スムーズに展開するべし！
- 発表に対する反応の仕方を示すべし！

1 スムーズに展開するための2つのポイント

　グループ学習をスムーズに展開するには，押さえなければならない2つのポイントがあります。1つめは進行役を決めることです。進行役がいることでグループ活動がてきぱき進みます。2つめは時間配分です。発表や意見交換などの時間を共通理解させることで，グループ学習の足並みがそろいます。

2 発表に対する反応の仕方を示す

　グループ内で発表し合うときは，お互いの発表の何に注意して聞けばよいのかを共通理解しておくことで，学習が深まります。

　また，活動を盛り上げるには，発表に対してどのように反応するのかを示しておくことも大変重要です。反応の仕方は基本的に以下の3種類です。

❶発表者の考えが自分と似ていたら「共感」（「私も同じように感じました」）
❷自分にはない発想だったら「驚き」（「私には考えつかなかったので参考にしたいです」）
❸違和感をもったら「疑問」（「…がよくわからなかったので，もう少し説明してくれませんか」）

（小林　康宏）

進め方や反応の仕方は板書で示します

反応がしっかりあるグループの活動は盛り上がり,学習の質が高まります

グループ学習

話し合いも個人の思考も深めさせる技

POINT
- ワールド・カフェを活用するべし！
- 交流と交流の間で個の学習に返らせるべし！

1 ワールド・カフェを活用する

ワールド・カフェとは，❶4人ほどのグループをつくって話し合い活動を行う，❷1人だけ残してグループを解体して新しいグループをつくる，❸新しいグループで話し合いを引き継ぐ，❹元のグループに戻ってグループの結論を出す，という4つのステップで行われます。❹の活動では，❸の活動で友だちから新しい発想を得ているので，たくさんのアイデアが生まれます。「○○さんが言ってたんだけど…」「向こうのグループで出ていた意見なんだけど…」と，自然と話し合いが活発になり，友だち同士の考えのつながりを発見する姿が見られます。

2 交流と交流の間で個の学習に返らせる

グループ学習を充実させるためには，一人ひとりが自分の考えをしっかりもっている必要があります。そこで，❶の活動前に学習のテーマについて自分の考えをノートに書く時間をとり，❹の活動前にも2回目の意見，自分の考えの変化を書かせます。一度，個の学習に返ることで，物語や詩の読みを深めることが可能になります。「グループとしての結論は出せたけど，自分はこう思う！」と自分の読みを確立する子も現れます。　　　　（吉羽　顕人）

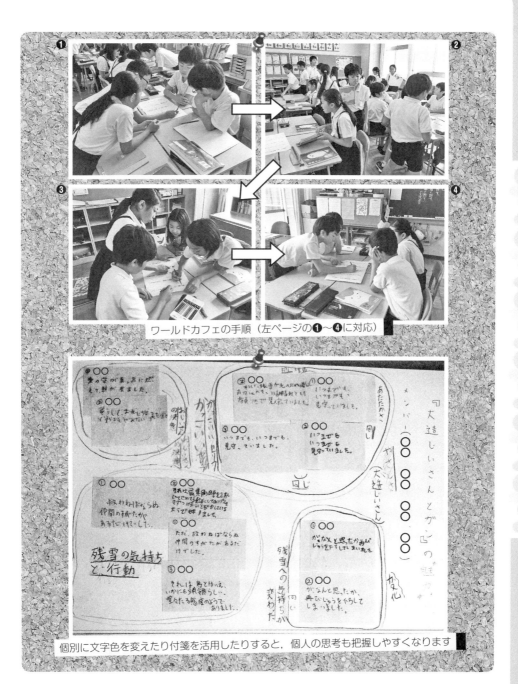

ワールドカフェの手順(左ページの❶〜❹に対応)

個別に文字色を変えたり付箋を活用したりすると,個人の思考も把握しやすくなります

グループ学習

自然と話し合いたくなるホワイトボード活用の技

POINT
- ホワイトボードを区切り，同時に書かせるべし！
- 有効な場面を見極めて使うべし！

1 ホワイトボードを区切り，同時に書かせる

　グループでの話し合いは，発表に時間がかかったり，発表だけで終わったりしがち。そこで提案したいのが「ホワイトボード同時書き」です。

　グループの机の真ん中にホワイトボードを置きます。それを，グループの人数分に区切り，真ん中は空欄にしておきます。そして，個人学習で考えた意見を同時に書いていくのです。書き終えた意見を見比べると，子どもたちは，「どれがよいのだろう？」と追究したくなるはずです。あとは，議論を重ね，最後にグループとしての結論を真ん中の空欄に書くのです。

　同時に書くので時間短縮でき，しかも意見が一覧できるので議論しやすくなります。なお，グループごとの結論を黒板に貼れば，さらなる追究が自然と始まります。

2 有効な場面を見極めて使う

　上の方法は，題名の象徴を考える，筆者の主張を考えるなど，個々の考えを集約する場面で有効です。一方で，意見をたくさん出させたいときなどにはあまり適していません。このように，有効な場面を見極めて使っていくことが大切です。

（相澤　勇弥）

物語教材「カレーライス」の題名が表すこと（象徴）を考えたボード

同時書きの様子

学習環境

身の回りの漢字に目を向けさせる技

POINT
- 漢字だけ，いきなり掲示するべし！
- 少しずつヒントを与えるべし！

1 何も言わず，突然漢字を教室のどこかに掲示する

黒板や掲示板の空いたスペースに，突然，習ったけれど読み方の難しい漢字や，日常触れているけれど漢字にするとわからないもの（例えば炬燵（こたつ），団栗（どんぐり），西瓜（すいか）など）を掲示します。突然教室に現れた漢字に，子どもたちは「何これ？」「どう読むの？」とワイワイ言い合います。国語辞典や漢字辞典を使って調べようとする子どもも出てきます。そういう子どもをうんと褒めてあげましょう。

2 ヒントは少しずつ与える

ヒントは少しずつ与えます。「炬燵（こたつ）」なら，「炬燵を出した」→「寒いから炬燵を出した」や「団栗ころころ」などと文脈を加えたり，横に何文字の読みがなか，○○○…と表したりします。

答えがわかったら，「直接先生に言いにおいで」「他の人にわからないようにコッソリ言うんだよ」と伝えます。一対一で言いに来させることによって子どもとのかかわりも増えます。「残念！」「おしい！」「全然違う！」などと声をかけ，正解したら「おめでとう！　はじめて正解！」「だれにも言っちゃダメだよ」などと楽しくコミュニケーションを取りましょう。（広山　隆行）

答えがわかったら，先生にコッソリ伝えます

慣れると自分たちで調べて出題し合うようになります（○○の部分に出題者の名前があります）

学習環境

認めたり認められたりが習慣化する技

POINT
- お互いのよいところを見つけ合う活動を習慣化するべし！
- お互いの特徴をわかり合える協働作業を設定するべし！

1 よいところを見つけ合う活動を習慣化する

　よい習慣を教室に定着させることも学習環境づくりの1つです。おすすめなのが，お互いの表現（物）のよいところを見つけ合う活動を習慣化することです。まずは，一人ひとりが「いいなぁ」と思ったところをポストイットなどに書き留め，作品のそばに貼るようにします。4人班ならば，3人の仲間からコメントがもらえます。自分の経験など，「どうしてそう思ったのか」を少し付け加えるとよさがより伝わりやすくなることなどを実感させたいものです。

2 協働作業を設定する

　班活動や係，当番活動など，教科，特別活動などのときに，グループで1つの目的をもって表現物をつくる活動を設定します。「△△係の紹介（お知らせ）」や「〇班□□新聞」などです。ただし，表現物づくりには，時間がかかる場合があります。グループでの新聞づくりの場合には，A4やA3の用紙を四分の一に切ったものを用意します。4枚で1つの新聞が完成です。型を決めておくことで，テーマに合わせた記事づくりや構成の活動に重点を置いた協働作業ができます。

（藤井　大助）

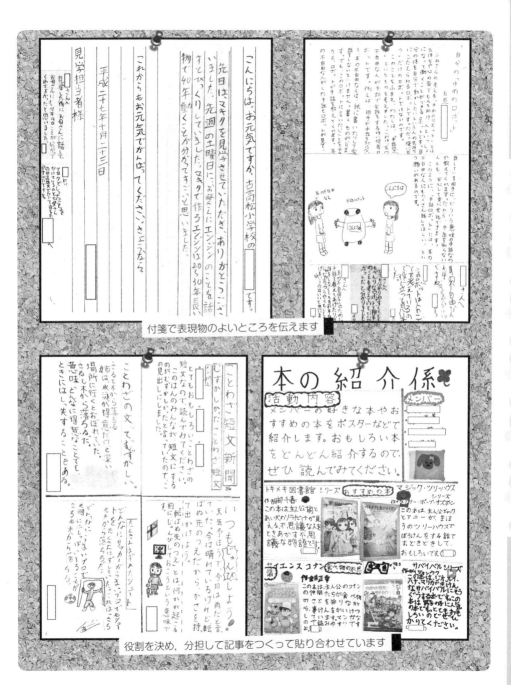

学習環境

子どもを本に向かわせる技

POINT
- ●本と，友だちや先生との関係性を示すべし！
- ●本への愛を見せる，示す，語るべし！

1 本に向かわせるための環境

　豊かで確かな言葉の力をつけるためには，子どもを本に触れさせるための環境整備が重要になってきます。物的，時間的，人的環境を整えていくことで，子どもが自然と本に向かえる教室をつくりたいものです。

　廊下や踊り場などのスペースに本を置いてみたり，教室の一角を絵本コーナーに改造したりする物的な環境整備は，多くの学校で取り組まれています。時間的にも，授業の前後5分間や朝の会を活用する方法があります。

2 意図的な取り組みとしての人的環境整備

　物的・時間的環境は多くの方法で整備できます。だからこそ，本やお話の魅力，本と人との関係性を可視化したり，語ったりする人的環境の整備が重要になってきます。「あの子の読んでいる本」「先生が好きな本」がわかると，本に向かう心理的な敷居は下がっていきます。

　ほったらかしていたら子どもがいつの間にか本を読むようになった，ということはほぼありません。意図的な取り組みの積み重ねによって発現することです。「なんだかおもしろそうだな」を引き出すための最後の一手となるのは，人的環境ではないでしょうか。

（佐藤　拓）

校長先生のおすすめ絵本を紹介するコーナーを廊下に

何気ない読書の様子を撮影し価値づけることも，子どもを本に向かわせます

学習環境

日常的に言葉に触れさせる技

> POINT
> ●必ず子どもの目に触れるところに言葉を置くべし！
> ●楽しい活動にするべし！

1 必ず子どもの目に触れるところに言葉を置く

　国語の学習では、言葉や漢字、時には詩など、覚えなくてはいけないことがたくさんあります。これらの言葉や文章に、毎日、触れる仕組みがあれば、覚える一助になります。

　そこで、教室の入り口の戸などに、覚える言葉や文章を掲示して、登校したら必ず読む約束をします。ただし、あまり量が多いと子どもの負担になるので、漢字や言葉なら４つまで、詩なら１連などにします。

2 楽しい活動にする

　しかし、ただ読ませるだけでは、子どもは飽きてしまいます。また、本気で取り組まない子もいます。

　そこで、「間違い探し」や「詩の暗唱対決」などのゲーム性を取り入れます。例えば、わざと間違えた漢字を掲示して、朝の時間に、その間違いをノートに書かせたり、掲示していた詩をグループで暗唱したりするなどの活動をします。これらの活動は、掲示をきちんと読んでいないとできません。

　楽しい要素を取り入れることで、長続きできる活動になります。

（伊東　恭一）

教室の入り口に新出漢字の掲示をして読ませます

文章の一部を穴埋めにしたものを掲示して、クイズにつなげます

学習環境

学びの履歴を残し活用できるようにする技

POINT
- 学習計画・新出漢字・身につけさせる言語技術は模造紙等に書くべし！
- 年間を見通して掲示の計画を立てるべし！

1 残したいことは残せる媒体に

　学習計画・新出漢字・身につけさせる言語技術を黒板に書いてしまうと，それを書いた授業が終了したら消えてしまいます。しかし，これらはすべて，教師も子どもたちも，単元の学習を進めていく中で，必要に応じてその都度確認したい事柄です。

　そこで，黒板ではなく，模造紙等の別紙に書くことをおすすめします。こうすることで，次の日も，その次の日も，学級掲示として残しておくことができます。

2 年間を見通して掲示の計画を立てる

　1つの単元が終了すると，次の単元が始まり，新たな学習計画・新出漢字・身につけさせる言語技術が登場します。しかし，国語はそれまでの蓄積がものを言う教科です。既習事項を振り返って活用させたい場面が少なからず出てきます。ですから，年間を通じて活用できるように掲示の計画を立てることをおすすめします。すると，子どもたちが自分から掲示物で既習事項を確認する姿が見られるようになります。

（藤原　隆博）

学習計画(左上)新出漢字(下)言語技術(右上)等を模造紙に書き,掲示します

年間を通して掲示し続けると,子どもが積極的に活用するようになります

学習環境

校内放送を通して 聞き手意識を育てる技

POINT
- パターンを示し言葉を当てはめさせるべし！
- 何を語ったら聞き手の心に届くか考えさせるべし！

1 パターンを示し言葉を当てはめさせる

校内放送で，「下校時刻5分前です。車に気をつけて家に帰りましょう」といった定型の文章に「私は〇〇さんと休み時間に遊んで楽しかったです。明日もまた，遊びたいです」のようなアドリブをつけて放送することで，学校生活に少し潤いが出ます。でも，いきなりアドリブを入れることを指示しても無理です。そこで，まず「〇〇さんと遊んで楽しかったです」や「□□の授業がおもしろかったです」のようなひな型を示して，そこに言葉を当てはめて話させるようにします。

2 何を語ったら聞き手の心に届くか考えさせる

慣れてきたらオリジナルのアドリブを考えさせます。その際，聞いている全校児童の状況や，その放送の目的を考え，言葉を見つけるよう指導します。雪がいっぱい降った日の朝の放送なら，「今朝は雪がいっぱい降ったので休み時間に雪合戦をしたいです」，お昼の放送なら「午後の勉強もがんばれるようもりもり食べましょう」等です。聞いている子は放送が楽しみになり，学校全体に，自分で考えた自分の言葉を語ろうとする空気が生まれていきます。

（小林　康宏）

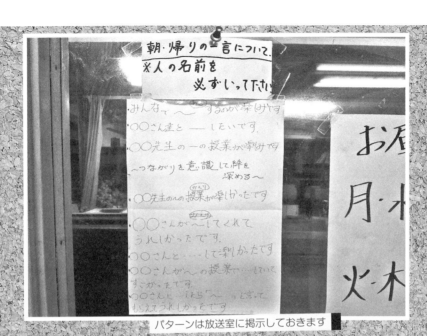
パターンは放送室に掲示しておきます

慣れてくると委員も自分の言葉で語ることが楽しみになります

学習環境

思わず詩を読み書きしたくする技

POINT
- 読んだ詩を色とひと言感想で伝えさせるべし！
- いつでも詩に触れられる環境をつくるべし！

1 読んだ詩を色とひと言感想で伝えさせる

　小学校6年間にたくさんの詩に出会わせることで，表現のおもしろさや詩を味わうことの楽しさに気づかせることができます。ここでは，表現のおもしろさはもちろん，子ども一人ひとりが詩から受けるイメージを色で表現させます。「雲が出てきたから白」「やさしい感じの詩だからピンク」など，子どもによって視点は様々です。ひと言感想が書けるカードを用意し，感想のまわりには，その詩を読んでイメージした色を塗らせます。

2 いつでも詩に触れられる環境をつくる

　一度授業で1のような活動を行えば，子どもは「違う詩も読みたい」「友だちはどんな詩を読んで，どんな色を塗ったのかな」という気持ちがわいてきます。そこで，いつでも詩を手に取ることができるように，教室に学級の人数分の詩集を用意します。また，付箋を近くに用意しておき，読んだ詩のページに名前を書いた付箋を貼るように指示します。また，1で書いたカードを定期的に入れ替えながら，教室の背面に掲示します。詩を味わうことの楽しさに気づいた子どもは自分でも書きたくなります。子どもが書いた詩を一緒に掲示することで，活動は学級全体へ広がっていきます。（手島　知美）

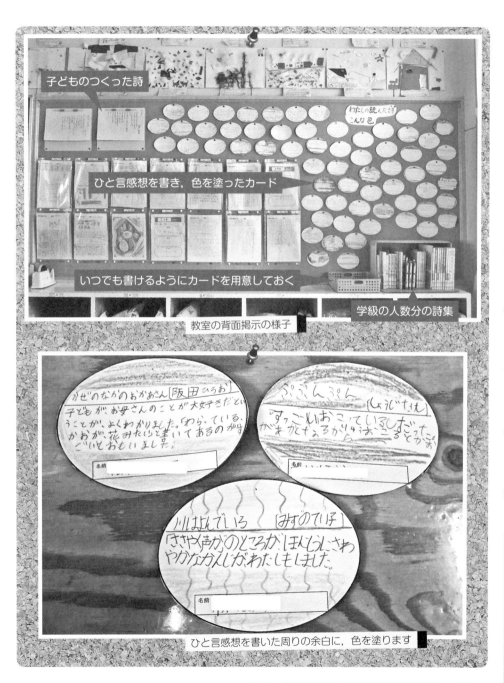

脳に効く
新出漢字習得の技

- ●事前テスト，1・7・30日後テストで漢字を脳にしみ込ませるべし！
- ●「エピソード記憶」「ランダム練習」で漢字を脳に刻み込むべし！

1 テストの効果を学習に組み込む

　まず，授業のはじめに「事前テスト」を行います。当然，正確に書けない字が多いわけですが，日常見かけている漢字もあるので，「こんな感じだったかな…」と悩んだうえで正解を知ることで，新しい漢字を学ぶための構えをもたせることができます。

　また，事後のテストは，1日後，7日後，30日後と，子どもが忘れるタイミングをはかりながら実施します。毎回出題形式や出題する熟語を変えることで，形式によらず漢字を使える流暢性を高めることもできます。

2 変化のある繰り返しで習熟させる

　音訓の読み，部首，筆順，熟語と，新出漢字は学ぶべきことがたくさんありますが，学習のねらいを「漢字の視覚イメージを明確にもたせる」ことに絞ります。このときに使うのが「エピソード記憶」です。漢字の90％以上が形声文字であることを利用し「鉱」を「金は広い」のように見立てる方法を子どもに考えさせるのです。また宿題では，サイコロを振って出た目の順番に書いてある字を練習させることで，繰り返しによる慣れを少なくするとともに，様々な熟語に触れる機会をつくることができます。　　　　（宍戸　寛昌）

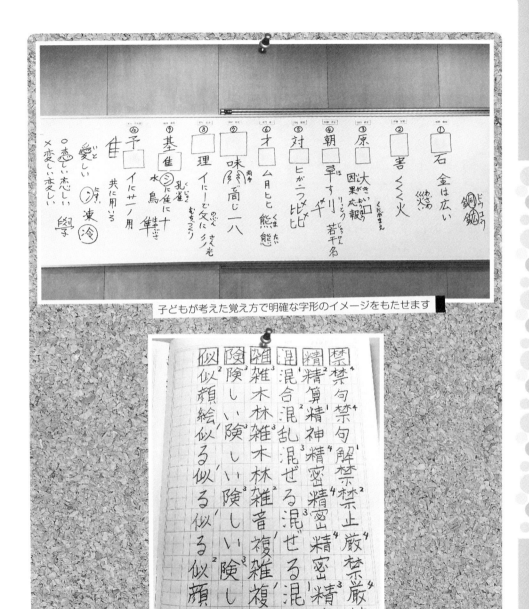

子どもが考えた覚え方で明確な字形のイメージをもたせます

サイコロを使ってランダムに選ばれた漢字を書きます

宿題・テスト

短作文を書く力を底上げする技

POINT
- あらかじめ書き方とポイントを明示してから書かせるべし！
- 書き方についてのみ赤字を入れ，内容と区別して言葉かけするべし！

1 シンプルな文型で書かせることを繰り返す

　全国学力・学習状況調査Ｂ問題にあるような短作文を，条件にしたがってしっかりと書く技能は，どのようにして身につけさせればよいのでしょうか。書く力は筋肉と同じで，効果のある活動を継続的に行うしかありません。

　ここでは，「週末日記」の活用を例としてあげます。書きやすさや提出・評価・累積のしやすさを考えて，22マス×15マスのノートを横向きに使います（4年生の場合）。文を書く前に必ず「はじめ（3行）」「中1（8行）」「中2（8行）」「おわり（3行）」の線を引かせ，段落構成の意識をもたせます。最初のうちは「中1（1つ目は）」「中2（2つ目は）」「おわり（このように）」と接続語をあらかじめ書かせておくことも効果的です。書く内容（テーマ）の指定は場合によりますが，書き方は毎回指定します。「中1と中2の最初の文を短くすること」「まとめの文は中1と中2の共通点を抜き出して書くこと」など，年間の計画や課題に応じて指定します。

2 教師が指導するポイントを焦点化する

　評価の際は，書き方についてのみ赤字を入れ，左端の余白にコメントを書きさます。内容についてのコメントは下に書くようにします。　　（宍戸　寛昌）

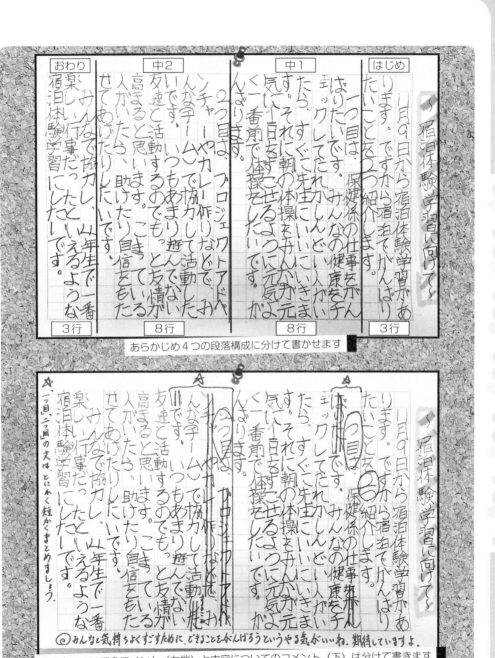

宿題・テスト

宿題が楽しみになる クイズづくりの技

POINT

- ●相手意識・目的意識をプラスするべし！
- ●子どもの創意工夫からバリエーションを広げるべし！

1 宿題に相手意識・目的意識をプラスする

　相手意識・目的意識をプラスすることで，子どもの宿題への意欲を大きく引き出すことができます。

　例えば，漢字の間違い探しクイズをつくることを宿題にして，次の日の朝や国語の時間の冒頭に，考えてきたクイズを学級に出題する時間を設定します。出題内容は，他にも主述のねじれた文，ことわざの意味の勘違いなど，国語の基礎にかかわることを扱います。私の学級では，意味を勘違いしやすい日本語のクイズも人気です。後で仲間に出題する，仲間を楽しませるという目的があり，宿題に主体的に取り組むようになります。

2 子どもの創意工夫からバリエーションを広げる

　このように，子どもに問題づくりをさせると，子どもの中から創意工夫が生まれてきます。例えば，意味を間違えやすい日本語を出題するときは，間違った意味を書いてきて本当の意味を当てさせる出題の仕方もあれば，A～Cの3つの選択肢から選ばせるといった出題の仕方もあります。

　そういう子どもの創意工夫を見取り，教師から「この方法いいね！」と価値づけ，バリエーションを広げていくことが大事です。　　　　（相澤　勇弥）

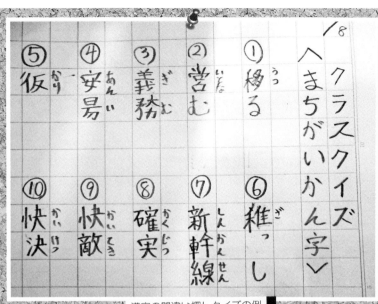

漢字の間違い探しクイズの例

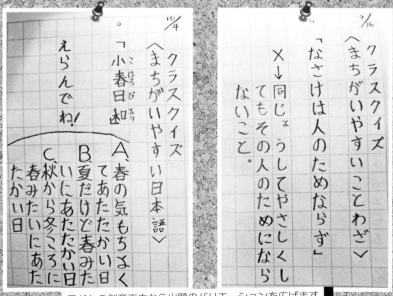

子どもの創意工夫から出題のバリエーションを広げます

宿題・テスト

よい取り組みを学級全体に広げる技

POINT
- ●取り組みのよさを学級全体にフィードバックするべし！
- ●スライドショーで具体的なよさに気づかせるべし！

1 取り組みのよさを学級全体にフィードバックする

　宿題の1つとして「自主学習」を課している学級は多いと思います。子どもたちの工夫が見えやすい宿題なので，すばらしい自主学習ノートに出会うことも多いことでしょう。すばらしい自主学習をしてきた子どもはうんと褒めてあげたいものです。さらに，そのよさを学級の他の子どもたちにもフィードバックすると，学級全体の自主学習の質が高まっていきます。

2 スライドショーで具体的なよさに気づかせる

　その1つとして，すばらしい自主学習ノートをスライドショーにして一挙に紹介するという方法がおすすめです。よい手本を知ることは，学びの質向上の近道です。

　スライドショーにすると，「うわー，すごい！」「こういう方法があるのか！」など，子どもたちから自然な反応が聞こえてきます。

　そこで教師はすかさずスライドショーを一旦停止します。

　「いったい何がすごいの？」

と問いかけ，友だちのノートのよさに気づいていたら，その子のこともうんとほめてあげましょう。

（藤原　隆博）

振り返りとして工夫点を記述させるのもよいでしょう

スライドショーにして，友だちの取り組みのよさを具体的に語らせます

第2章 今日から使える国語授業づくりの技66

成績を素早く処理する技

POINT

- 表計算ソフトを活用するべし！
- 満点の場合の処理をうまくするべし！

1 表計算ソフトを活用する

授業の中で様々なテストを行います。市販テストには成績処理ソフトが付属していますが，小テストや漢字テストなどの成績処理を行うときも，エクセルなどの表計算ソフトを活用すると便利です。AVERAGE関数を使えばすぐに平均点を出すことができますし，評価基準に合わせてA，B，Cをつけることも簡単にできます。

2 満点の場合の処理をうまくする

手書きでも，エクセルを使っても，一人ひとりの成績を記録していると，とても時間がかかります。

そこで手書きの場合，満点をとる子どもが多い小テストや漢字テストなどであれば，満点の子どもは記入せず（空白にして），満点以外の子どもの点数だけ記録するようにします。

一方，エクセルの場合，満点の子を空白にしてしまうと，平均点を出したりする際に不便な場合があるので，あらかじめすべてのセルに「100」（満点）を入力しておき，満点以外の子だけ点数を再度入力するようにします。

（笠原　冬星）

	C17			f_x	=AVERAGE(C2:C16)	
	A	B	C	D	E	F	G
1		児童氏名	九九の表1	うら			
2	1		90	40	86.66667	A	
3	2		80	45	83.33333	A	
4	3		95	45	93.33333	B	
5	4		100	50	100	A	
6	5		100	40	93.33333	B	
7	6		100	50	100	B	
8	7		100	50	100	A	
9	8		100	50	100	A	
10	9		100	50	100	A	
11	10		90	45	90	A	
12	11		95	50	96.66667	A	
13	12		100	40	93.33333	B	
14	13		90	40	86.66667	B	
15	14		100	50	100	A	
16	15		90	40	86.66667	A	
17			95.3333333	45.66667	94		

平均点やＡＢＣ評価も簡単に出せます

	日付	ヨミガナ	/	/	/
			1	2	3
1					
2					
3				欠	
4					
5			95		
6					
7					
8				75	95
9					
10					
11					
12					
13					
14			80		
15					

BG	BH	BI
分数1	分数2	平均
100	100	100
100	100	100
100	100	100
100	100	100
100	100	100
100	100	100
100	100	100
100	100	100
100	100	100
100	100	100
100	100	100
100	100	100
100	100	100
100	100	100
100	100	100

紙に記録するときは満点を空白に，エクセルのときはあらかじめ満点を入力しておきます

宿題・テスト

単元末テストを即時に返却する
システムづくりの技

POINT

- ●単元末テストは即時に返却するべし！
- ●どの子も取り組みやすいやり方をとるべし！

1 単元末テストは即時に返却する

　単元終了後実施したテストをだいぶ日にちが経ってから返却している先生を見かけることがあります。しかし，単元ごとにしっかり力をつけていくためには，単元テストをしたらすぐ返し，評価し，必要に応じて解説や補充学習をすることが必要です。ここでは，そのための技を紹介します。

2 どの子も取り組みやすいやり方をとる

　まず，テストを行う前に手元に図書室で借りた本を準備させます。また，実施前に，表が終わったら教師に持って来ることを指示しておきます。持って来たテストはその子の前で○つけをします。行列が長くならないよう素早く○つけをする必要がありますが，「よくがんばったね」「もうちょっと問題をしっかり読もうね」等，端的な言葉かけは忘れないようにします。その後子どもは裏をやって，全員が終わるまで読書をします。教師は点数を記録用ノートに控え，全員が終わった後，必要に応じて解説や補充学習をします。

　このようにテストを実施すると，フィードバックまでその日のうちに行うことができます。また，早くできた子どもが時間を持て余すことがなく，じっくり考えたい子も集中して取り組むことができます。　　　　（小林　康宏）

採点は素早く行いつつ，端的な言葉かけも忘れずに

早く終わった子は読書を，じっくり派は最後まで集中して

すきま時間

言葉を楽しく，たくさん身につけさせる技

POINT
- テーマに合った言葉をたくさん見つけさせるべし！
- 集めた言葉を組み合わせて楽しむべし！

1 テーマに合った言葉をたくさん見つけさせる

　すき間時間にいつでも活用できるように，教室に「言葉あつめ」のワークシートを常備しておきます。そして，テーマに合った言葉をできるだけ多くワークシートに書かせます。テーマは，「『あ』のつく言葉」「夏といえば」「あたたかいイメージの言葉」…など，学年や時期に応じて変化させていきます。

　ワークシートをつくる際，ちょっとしたポイントがあります。「これぐらいは書けるかな」という数よりも少なめに解答枠を設けるのです。すると，多くの子どもは余白や裏にも書き出していくので，より大きな達成感を味わわせることができます。

2 集めた言葉を組み合わせて楽しむ

　ここでは，「動作を表す言葉」と「○○のように」という表現を組み合わせて楽しむ活動を紹介します。「動作を表す言葉」と，生き物をテーマにして集めたワークシートから言葉を選んで，短冊に書かせます。選んだ2種類の短冊を「ぞうのように走る」「カマキリのように食べる」のように組み合わせ，できた表現を紹介したり，動作化したりして楽しみます。3，4人のグループで短冊を混ぜ合わせて活動すると盛り上がります。　（手島　知美）

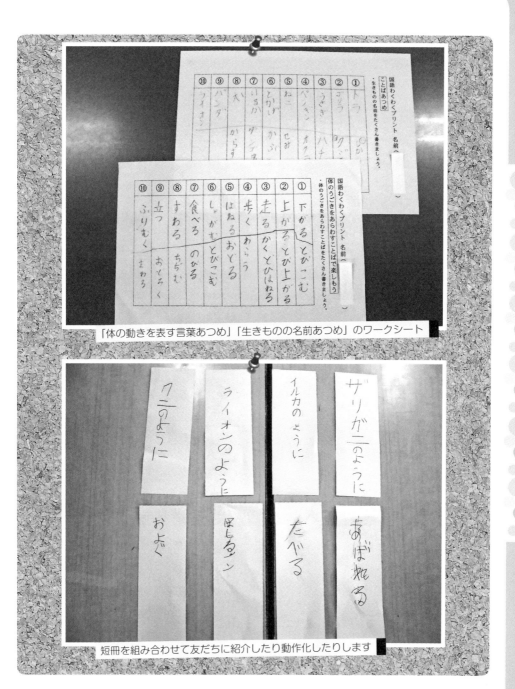

「体の動きを表す言葉あつめ」「生きものの名前あつめ」のワークシート

短冊を組み合わせて友だちに紹介したり動作化したりします

言葉の関係の知識を楽しく増やす技

POINT
- 具体と抽象の言葉の関係を教えるべし！
- ゲームで楽しく知識を増やすべし！

1 具体と抽象の言葉の関係を教える

「果物。例えば，みかん，りんご，いちご」「みかん，りんご，いちご。つまり，果物」。このように，「例えば」「つまり」といった言葉を用いながら，具体と抽象の表現を自由に使いこなすことができるようにしたいものです。理解が進んできたら，右ページ上の図のような，言葉の包摂関係も教えていきましょう。

この考え方が定着してくると，「もっと具体的に書きましょう」「抽象的に表すとどうなりますか？」などの指示が通りやすくなります。また，説明文の具体・抽象関係もとらえられるようになってきます。

2 ゲームで楽しく知識を増やす

こういった言葉の関係に関する知識は，すきま時間や国語授業のはじめの5分などにゲーム形式で楽しく増やしていくことがおすすめです。

右ページ下の写真は，真ん中にお題（抽象）が書かれており，残りのマスにお題から連想される具体物が書かれています。これを使って友だちと一緒にビンゴゲームを行います。

（佐藤　司）

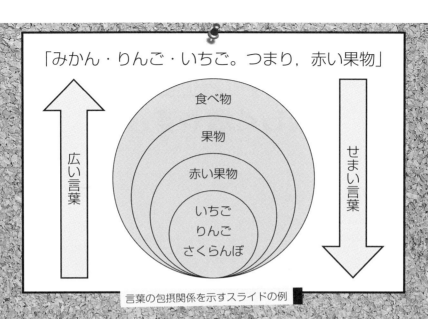

言葉の包摂関係を示すスライドの例

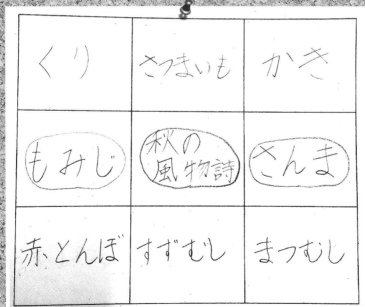

ビンゴ形式にすると低学年でも楽しみながら学べます

漢字の知識を楽しく増やす技

POINT

- 柔軟な発想で漢字をみるべし！
- 部首を意識するべし！

　漢字の学習は，学年が上がるほど子どもまかせにしてしまいがちです。そこで，テストの残り時間や給食準備中など，すきま時間に手軽にできて，子どもたちが熱中する漢字遊びを紹介します。

1　柔軟な発想で漢字をみさせる

　漢字の構成は大きく，カタカナの合成（ナ＋エ＝左など），基本漢字の合成（木＋寸＝村など），部首の合成（言＋殳＝設など）に分けられます。これらをベースにして，答えが漢字になるクイズをつくっていきます。

❶２つのカタカナや基本漢字で構成されたクイズ（低学年でおすすめ）
・「ナエ」を植える手は左右どちら？（左）
・「十口」食べたらお腹が痛くなったのはなぜ？（古かったから）

❷漢字とカタカナを混ぜて構成したクイズ
・「車」が「ニム」っとしたのはなぜ？（転んだから）
・アメを「一日ハコ」食べます。朝昼晩のいつでしょう。（お昼）
　昼の場合，基本漢字で表せば，「尺＋日＋一」ですが，問題を成立させるために，あえて基準を小さくしています。

❸答えに辿り着くのに，一ひねりするクイズ
・「小」さい「月」に「水」をかけたらどうなる？（消える）
・「木」とお「日」さまが重なってるよ。このお日さまは朝日と夕日のどちら？（木＋日＝東で朝日）」
部首に変換したり，組み合わせを意識したりする問題です。

❹付け足したり取り除いたりするクイズ
・「氷」を一瞬で溶かすには？（点をとる（氷→水））
・「皿」にちょんとついている汚れは何？（血）

　このように，様々な角度から漢字をみて，細かなパーツを意識して問題をつくると，子どもたちがワクワクするようなクイズになります。また，組み合わせを意識するため，新漢字を覚えるスピードも速くなります。

2　部首を意識する

　前項は，漢字一つひとつに関するクイズでしたが，熟語を覚えさせるには，「漢字ばらばらパズル」がおすすめです。例えば，「サ＋シ＋口＋夫＋ウ＋子＝漢字」というように，漢字をパーツに分けてたし算の式にします。まずは基本漢字やカタカナに分解するところから始めます。

　中学年以上では，部首を意識することで問題の幅が広がります。例えば「門＋是＋口＋頁＝問題」や「孝＋攵＋ウ＋至＝教室」などです。前者は，小学校で扱う範囲を超えますが，それぞれが意味のある漢字になっています。後者は，「攵」の部分が常用漢字ではなくなり意味づけが難しくなりますが，つくりとしてはよく出てくるので，どう使うかは子どもでもわかります。

　また，分解の程度を変えると，問題の難易度を調節することができます。「短縮」という答えの問題は，「矢＋糸＋豆＋宿」としたり，「矢＋糸＋一＋口＋ウ＋百＋ソ＋一＋イ」としたりすることができます。子どもの実態に応じて決めるとよいでしょう。

（田島　章史）

詩の世界をイメージする力を伸ばす技

POINT
- 調べ学習や図工が早く終わったすきまの時間に行うべし！
- 色鉛筆と八つ切り画用紙を常備しておくべし！

1 詩のイメージを絵で表す

　好きな詩を教科書や詩集などから1遍選びます。その詩に挿絵を載せるようなつもりで絵をかきます。まずは八つ切り画用紙に丁寧に詩を視写します。次に，その詩のイメージを画用紙に色鉛筆などを用いて絵でかきます。

　詩のイメージを絵に表すことは，その詩をどのような解釈を基にして読み取っているのかを表現することです。同じ詩でも，子どもによってイメージは違います。作品のイメージがつかめない子どもには，教科書の扉の絵を参考にさせるとよいでしょう。

2 いつでも取り組める準備をしておく

　調べ学習や図工が早く終わったすきま時間に「早く終わった人は詩のイメージ画をかいてください」と指示することができます。

　教室には常に色鉛筆と八つ切り画用紙を準備しておきます。詩集が教室にあると最高です。いつでもちょっとしたすきま時間に詩のイメージ画に取り組むことができます。ねらいを定めて国語や図工などで一単元の授業として一度取り組んでおくと，その後のすきま時間の活動がスムーズになります。

（広山　隆行）

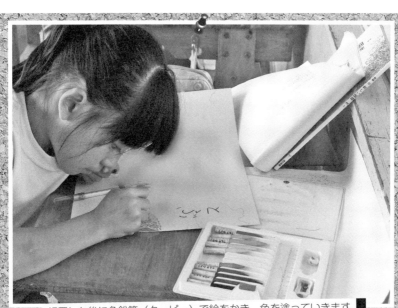
視写した後に色鉛筆（クーピー）で絵をかき，色を塗っていきます

完成した詩のイメージ画は教室に掲示します

すきま時間

言葉遊びを通して書く力を伸ばす技

POINT
- 言葉遊びを楽しませるべし！
- ワークシートを学級に常備するべし！

1 言葉遊びを楽しませる

　ちょっとしたすきまの時間ができたり，急に自習の時間を設定しなければならなかったりするときなどに，さっと取り組むことができ，なおかつ言葉の力の土台を築くことができる活動です。以下，簡単に紹介します。

　「ローマ字しりとり」は，ローマ字を使ってしりとりを自分でつくります。中学年におすすめです。「言葉マップ」や「連想ゲーム」のように言葉をつなぐ活動も，言葉に対して敏感になります。時間が多めにあるときは，「シチュエーション作文」もよいでしょう。「もしも魔法が使えたら」「朝起きて○○になっていたら」のように楽しい条件を自分で考えて書く活動です。でき上がった作品を学級通信などで紹介すると喜ばれます。

2 ワークシートを学級に常備する

　ワークシートは，棚などを用意して保管しておきます。そうすると，いつでも自由に取り出せるので，「印刷するのを忘れてた！」という状況になりません。慣れてくれば，子どもたちが自分で準備してどんどん進めるようになっていきます。

（弥延　浩史）

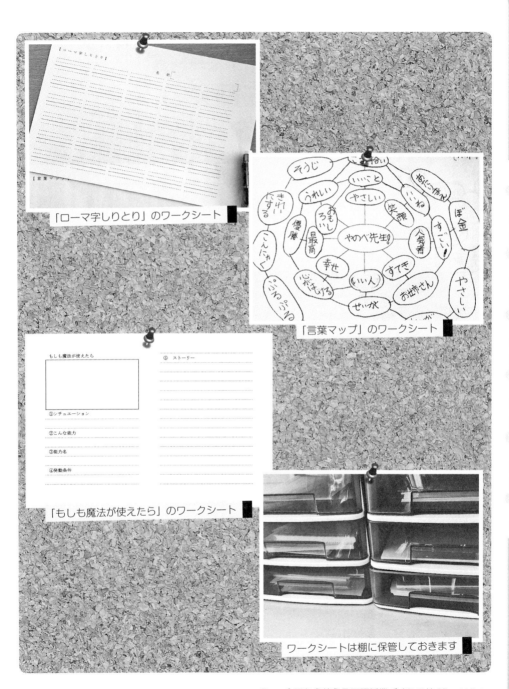

文法力を鍛える「主述モンスター」の技

POINT
- 主述を整え，楽しみながら一文を膨らませるべし！
- 主述を見抜く力も鍛えるべし！

1 主述を整え，楽しみながら一文を膨らませる

　低・中学年では，文章を書く際に，主語が抜けたり，主述がねじれたりすることがよくあります。ここで紹介する「主述モンスター」は，小さなメモ用紙1枚と，3分ほどの時間があればできる，主述を意識する力を鍛えることのできる技です。

　やり方は簡単。まず紙にモンスターの「頭」と「胴体・足」部分をかきます（胴体と足は一体）。そして頭に主語を，胴体・足に述語を書き込みます。そして，そこへ腕や角，とげなどのパーツをかき足していきます。例えば，「姉」という頭に「私の」という角，「怒った」という胴体・足に「おもちゃを壊されて」という腕。さらに，その腕に「大事な」というとげ，といった感じです。こうすると，主述がねじれることなく，「私の姉が大事なおもちゃを壊されて怒った」と，修飾語がたくさんついた文ができ上がります。

2 主述を見抜く力を鍛える

　慣れてきたら，教師から3つの文を提示し，3分でそれぞれの主語と述語を見つけさせるクイズを行い，主述を見抜く力も鍛えていきます。

（相澤　勇弥）

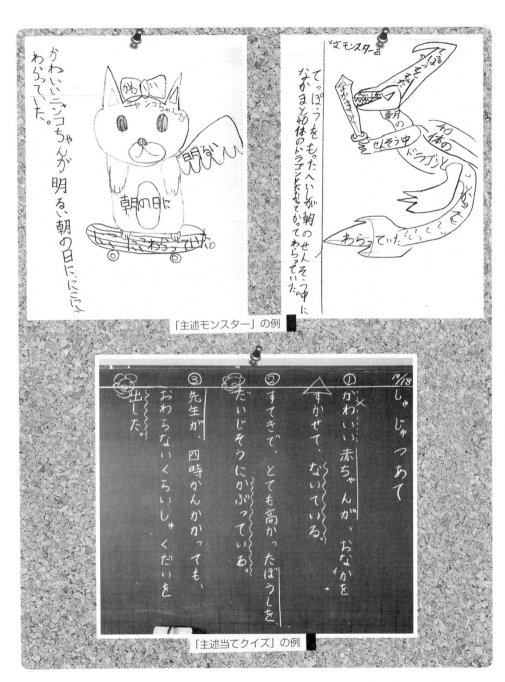

「主述モンスター」の例

「主述当てクイズ」の例

第2章　今日から使える国語授業づくりの技66

【執筆者一覧】

二瓶　弘行（筑波大学附属小学校）
相澤　勇弥（新潟県長岡市立宮内小学校）
伊東　恭一（東京都荒川区立ひぐらし小学校）
井上　幸信（新潟市立万代長嶺小学校）
大江　雅之（青森県八戸市立町畑小学校）
笠原　冬星（大阪府寝屋川市立成美小学校）
菊地　南央（福島県二本松市立新殿小学校）
小林　康宏（長野県佐久市立岩村田小学校）
今野　智功（福島大学附属小学校）
佐藤　　拓（北海道網走市立中央小学校）
佐藤　　司（大阪府豊中市立寺内小学校）
宍戸　寛昌（立命館小学校）
田島　章史（大阪府寝屋川市立第五小学校）
田中　元康（高知大学教育学部附属小学校）
田中　　僚（立命館小学校）
手島　知美（愛知県みよし市立三好丘小学校）
長屋　樹廣（北海道網走市立網走小学校）
流田　賢一（大阪市立本田小学校）
藤田　伸一（公立小学校）
比江嶋　哲（宮崎県都城市立五十市小学校）
広山　隆行（島根県安来市立島田小学校）
藤井　大助（香川県高松市立古高松小学校）
藤原　隆博（東京都江戸川区立船堀第二小学校）
弥延　浩史（青森県藤崎町立藤崎小学校）
山本　真司（南山大学附属小学校）
吉羽　顕人（東京都港区立芝小学校）
渡部　雅憲（福島県二本松市立二本松南小学校）

【編著者紹介】
二瓶　弘行（にへい　ひろゆき）
筑波大学附属小学校教諭
筑波大学非常勤講師
全国国語授業研究会理事，東京書籍小学校国語教科書『新しい国語』編集委員
著書に，『子どもがグーンと賢くなる　面白小話・国語編』（明治図書，2006年），『"夢"の国語教室創造記』（東洋館出版社，2006年），『基幹学力をはぐくむ「言語力」の授業』（明治図書，2011年），『二瓶弘行の「物語授業づくり一日講座」』（文溪堂，2011年），『子どもがどんどんやる気になる　国語教室づくりの極意　学級づくり編』（東洋館出版社，2015年），『子どもがいきいき動き出す！　小学校国語　言語活動アイデア事典』（明治図書，2015年），『どの子も鉛筆が止まらない！　小学校国語　書く活動アイデア事典』（明治図書，2016年）他多数

【著者紹介】
国語"夢"塾（こくご"ゆめ"じゅく）

今日から使える！
小学校国語　授業づくりの技事典

2017年3月初版第1刷刊	©編著者	二　瓶　弘　行
2018年1月初版第3刷刊	発行者	藤　原　光　政
	発行所	明治図書出版株式会社

http://www.meijitosho.co.jp
（企画）矢口郁雄　（校正）大内奈々子
〒114-0023　東京都北区滝野川7-46-1
振替00160-5-151318　電話03(5907)6701
ご注文窓口　電話03(5907)6668

＊検印省略　　　組版所　藤原印刷株式会社

本書の無断コピーは，著作権・出版権にふれます。ご注意ください。

Printed in Japan　　　ISBN978-4-18-235216-4
もれなくクーポンがもらえる！読者アンケートはこちらから　→

大好評
『言語活動アイデア事典』
に続く第2弾！

小学校国語 書く活動アイデア事典

■二瓶 弘行［編著］
■国語"夢"塾［著］

接続語を生かしたストーリーづくり、創作四字熟語、でたらめ意見文、物語五七五、ラブレターづくり…などなど、帯単元や朝の会でも取り組める楽しい「書く」活動のアイデアを6学年分60例収録。

136ページ／A5判／1,900円+税／図書番号：2351

大好評のベストセラー

定番教材でできる！
小学校国語 3つの視点でアクティブ・ラーニング

二瓶 弘行・青木伸生　編著
夢の国語授業研究会　著

定番の読解教材を使った普段の国語授業でできるアクティブ・ラーニングの提案。「自分自身の問いをもつ（深い学び）」、「対話的な学び」、「友だちとかかわり合う」「自分の考えや学んだことを表現する」（主体的な学び）の3つの視点で、主体的・協働的な学びを実現！

128ページ／A5判／1,900円+税／図書番号：2609

明治図書　携帯・スマートフォンからは　明治図書ONLINEへ　書籍の検索、注文ができます。▶▶▶

http://www.meijitosho.co.jp　＊併記4桁の図書番号（英数字）でHP、携帯での検索・注文が簡単に行えます。

〒114-0023　東京都北区滝野川7-46-1　ご注文窓口　TEL 03-5907-6668　FAX 050-3156-2790

＊価格は全て本体価表示です。

ゼロから学べる小学校国語科授業づくり

国語科指導のプロが教える、授業づくりのイロハ

主体的に学ぶ子どもを育てよう！

これからの授業は、教師が子どもに答えを与えるスタイルから、子どもが目的に応じて答えを導き、つくりだすスタイルへと転換していく。教師が一方的に解決の方法や答えを与えるだけではなく、子ども一人ひとりが問題意識をもち、その解決に向かって試行錯誤を繰り返し、解決の糸口や方向性を自ら探っていく、新しい授業像が求められている。

そのためには、二つの言葉の力（学び手の自立を支える思考力・表現力／学び合いを支えるコミュニケーション力）を身につける必要があるだろう。これらの言葉の力をつけていくことこそが、国語科の授業だと言える。

青木伸生 著
図書番号 2334／四六判 176頁／本体 1,900円＋税

明治図書　携帯・スマートフォンからは **明治図書ONLINEへ** 書籍の検索、注文ができます。　▶▶▶

http://www.meijitosho.co.jp　＊併記4桁の図書番号（英数字）でHP、携帯での検索・注文が簡単に行えます。

〒114-0023　東京都北区滝野川7-46-1　ご注文窓口　TEL (03)5907-6668　FAX (050)3156-2790

小学校国語 言語活動アイデア事典

子どもがいきいき動き出す！

■二瓶 弘行 [編著]
■国語"夢"塾 [著]

すべての子どもたちに確かな言葉の力を！

- ●学級全員でストーリーをつなぐお話リレー
- ●物語のダウト探し
- ●本の福袋づくり
- ●別れる友に贈る四字熟語づくり …などなど

帯単元や朝の会でも取り組める楽しい言語活動のアイデアを6学年分72例収録。

160ページ／A5判／2,100円+税／図書番号：1850

明治図書　携帯・スマートフォンからは **明治図書ONLINEへ**　書籍の検索、注文ができます。▶▶▶

http://www.meijitosho.co.jp　＊併記4桁の図書番号（英数字）でHP、携帯での検索・注文が簡単に行えます。

〒114-0023　東京都北区滝野川7-46-1　ご注文窓口　TEL 03-5907-6668　FAX 050-3156-2790

＊価格は全て本体価表示です。